WESTFLÜGEL
VERLAG

Der Autor

Als *Laird of Cairngorn* hat der passionierte Großbritannien-Liebhaber Karsten-Thilo Raab sogar einen, wenn auch geschenkten, schottischen Adelstitel. In den Kilt hat er sich natürlich ebenfalls schon mehrfach geworfen. Auch sonst besitzt der Autor und Journalist, der lange auf den britischen Inseln lebte und mehr als 100 Bücher publizierte, eine große Schottland-Affinität. Mit der vorliegenden Lesereise präsentiert er kleine schottische Leckerbissen, die unweigerlich Appetit auf den Besuch der Highlands und Lowlands machen.

Karsten-Thilo Raab

Zwischen Bens und Glens

Stippvisiten in Schottland

WESTFLÜGEL
VERLAG

Impressum

ISBN: 978-3-939408-69-7
Text: Karsten-Thilo Raab
Lektorat:_Gabriele Schröder
Layout: Karsten-Thilo Raab

Wr freuen uns, Ihre Meinung zu diesem Buch zu erfahren. Bitte senden Sie Ergänzungsvorschläge, Anregungen und Korrekturvorschläge an den

Westflügel Verlag, Gustav-Streich-Str. 62, 45133 Essen.

Weitere Informationen zum Verlagsprogramm finden Sie im Internet unter: www.westfluegel-verlag.de

Bibliografische Information der Deutschen Bibliothek: Die Deutsche Bibliothek verzeichnet diese Publikation in der Deutschen Nationalbibliografie; detaillierte bibliografische Daten sind im Internet über http://dnb. ddb.de abrufbar.

Inhaltsverzeichnis

Kleinstgrundbesitzer und Kauf-Adel

Böse Zungen behaupten, im Hochland gäbe es mittlerweile mehr Adelstitelträger als Schafe. Und blökende Wollknäuel gibt es viele. Was erstaunlich ist. Also, gemeint ist weniger die Zahl der freilaufenden Schafe, sondern die der Titelträger, zumal die Highlands überaus dünn besiedelt sind. Auch Burgen, Schlösser und Herrensitze sind hier eher selten anzutreffen. Und doch gibt es Tausende von Lairds (schottisch für „Lord") und Ladys mit Besitztum in der zumeist von Heidekraut überzogenen Landschaft. Wobei der Grund und Boden der meisten Lairds und Ladies sehr übersichtlich ist, in der Regel kaum mehr als 0,09 Quadratmeter misst. Ein Fläche, die noch nicht mal ausreicht, um ein Handtuch auszubreiten, geschweige denn, um hier den Stammsitz der Familie zu errichten – was ohnehin verboten wäre. Hinzu kommt, dass nur die wenigsten Lairds und Ladies überhaupt eine Ahnung haben, wo denn ihre Scholle ungefähr liegt.

Und doch genügen der Erwerb von 0,09 Quadratmeter Grund und Boden, um berechtigt zu sein, einen schottischen Adelstitel zu tragen. Denn gemäß Gesetz werden in Schottland Adelstitel nicht nur vererbt, sondern können auch mit dem Kauf bestimmter Grundstücke erworben werden. Eine Gesetzeslücke, die pfiffige Unternehmen längst auszunutzen verstehen.

Für gerade einmal 38 Britische Pfund können die Miniparzellen im Hochland von Anbietern wie ➲ Highlandtitles.com erworben werden. Verbunden mit der Besitzurkunde und mit dem Recht, den Titel Laird oder Lady zu tragen und auch in offizielle Dokumente eintragen zu lassen – was dem verbliebenen Erb-Adel in Schottland natürlich ein Dorn im Auge ist.

Dass der Geburtsadel nicht an der Grundstücksgröße, sondern leicht am blauen Blut zu erkennen sei, ist allerdings nur ein

Gerücht, weiß nicht nur der Autor, der selbstverständlich als *Laird of Cairngorn* auch zum Hochland-Adel gehören. Allerdings auf der Käufer- und nicht auf der Erbenseite.
Deutlich teurer als ein Grundstück ist ein Familienwappen. Und, wer als (eingekaufter) Adeliger etwas auf sich hält, der braucht so ein Zierde für den Briefkopf, die Visitenkarte, den Hauseingang und den Kaminsims. Etwa 3.000 Britische Pfund muss der geneigte (Nachwuchs-) Adel an das Herolds-Amt zahlen, um ein Wappen zu erwerben und anerkennen zu lassen. Für das stolze Sümmchen helfen einem die Staatsdiener sogar, ein mehr oder weniger ansprechendes Design zu entwerfen.

*****

Mit dem Lord durch die Highlands

Standesgemäß lässt sich ein Lord üblicherweise chauffieren. Nicht so Andrew, der 23. Lord Gray. Bei ihm ist es umgekehrt. Der edelblütige Schotte chauffiert Touristen aus aller Herren Länder durch seine Heimat. Nicht mit livrierter Uniform und weißen Handschuhen, sondern stilecht im Schottenrock hinter dem Lenkrad.

„Eine Ausbildung als Fremdenführer habe ich nicht, aber ich kenne meine Heimat wie aus der Westentasche und habe mir viele Wissen angelesen", so Andrew Gray, dem - wie vielen Adeligen im Vereinigten Königreich - nicht viel vom Reichtum und der Macht seiner Vorfahren geblieben ist. Dabei zählten die Grays über Jahrhunderte zu den einflussreichsten Familien in Schottland. Die Geschichte der Adelsfamilie reicht bis in das Jahr 1440 zurück, als Andrew Gray of Broxmouth in den Adelsstand erhoben und zum 1. Lord Gray gekürt wurde. Über Jahrhunderte verfügten die Grays über ausgedehnte Ländereien in Tayside in der Grafschaft Perthshire und mit Broughty Castle bei Broughty Ferry, dem House of Gray bei Dundee und dem Kinfauns Castle bei Perth über repräsentative Familiensitze.

„Ich lebe heute in einem relativ großen Haus unweit von Oban, aber mit dem Prunk meiner Vorfahren ist dies in keiner Weise vergleichbar", räumt Gray mit typisch britischem Understatement ein. Der Unterhalt für die Gebäude und die hohen Grundabgaben führten dazu, dass die Familie sich nach und nach von Häusern und Ländereien trennen musste. Und so nagt der 23. Lord Gray zwar nicht am Hungertuch, muss aber im Gegensatz zu vielen seiner Vorfahren einer geregelten Arbeit nachgehen.

„Nach dem Studium in Exeter habe ich zunächst acht Jahre lang als Antiquitätenhändler in London gearbeitet, ehe es meine Familie und mich wieder zurück in die Heimat zog", gibt Andrew Gray einen kurzen Einblick in seinen Lebenslauf. Nach drei Jahren im Dienste einer Fischräucherei erfuhr er im Jahre 2005 zufällig von einem Hotel, das für ein paar Tage für zwei belgische Gäste einen Fremdenführer suchte.

„Ich habe mich spontan gemeldet und hatte so viel Spaß daran, dass ich mich entschlossen habe, mich mit maßgeschneiderten Touren selbstständig zu machen", erinnert sich der Lord an die Anfänge seine Geschäftsidee. Und seinen beiden ersten Kunden sind im bis heute treu geblieben. Jährlich kehrt das belgische Paar nach Schottland zurück, um sich für ein paar Tage von Andrew Gray Land und Leute zeigen zu lassen. Auch sonst kann sich der adelige Fremdenführer nicht über Arbeitsmangel beklagen, rekrutiert sich seine Kundschaft doch heute aus ganz Europa und aus Nordamerika.

„Die Touren werden ganz nach den Wünschen der Gäste zusammengestellt", erläutert Andrew Gray das Konzept seiner Einmannfirma. Gleichwohl bietet das Sprachtalent, das neben Englisch auch fließend Deutsch und Französisch spricht, auch Rundreisen zu bestimmten Themen an. Dazu gehört neben Exkursionen auf den Spuren der großen schottischen Clans eine Tour zu den schönsten Gärten der Region. Feste Stationen sind dabei die Ardchattan Priory, die Gärten von Drimnavuic, die Formgärten von Inveraray Castle sowie der wildromantische Angus Gärten im Glen Lonan.

Großer Beleibtheit erfreut sich auch eine Feinschmeckertour, in deren Verlauf unter anderem eine Lachräucherei in Inverawe, die Austernbänke am Loch Creran und die Whisky-Distillerie in Oban besucht werden. Schottischer geht es wohl kaum: Mit einem Lord im Kilt in den Highlands unterwegs und dazu einen herrlichen Single Malt Whisky genießen.

➲ www.tailoredtoursonline.co.uk

Munro bagging - Sammeln von Bergen

In einem Land, in dem Männer in Röcken mit Baumstämmen werfen, wundert es wenig, wenn die naturverbundenen Bewohner einem ungewöhnlichen Hobby im wahrsten Sinne des Wortes nachgehen. Die Schotten sammeln nämlich Berge. Nicht irgendwelche Berge, sondern ganz bestimmte. Diese müssen mehr als 3.000 Fuß, was grob 915 Metern entspricht, hoch sein. Von dieser Sorte finden sich allein im schottischen Hochland 282 Stück. Die Sammler gehen dabei nicht etwa mit Hammer und Meißel hin, um Teile von den Bergen abzuzwacken. Vielmehr bemühen sie sich, den Gipfel eines jeden dieser Berge zu erklimmen. Längst ist dieses ehrgeizige Vorhaben zu einem Volkssport geworden, an dem sich Wanderer und Alpinisten aus aller Herren Länder beteiligen.

Ausgelöst wurde diese Leidenschaft von Sir Hugh Munro of Lindertis. Der blaublütige Naturbursche hatte Ende des 19. Jahrhunderts alle Berge über 3.000 Fuß erfasst und katalogisiert. Mit der Herausgabe seines Buches *Tables of the 3000ft Mountains of Scotland* löste er, wenn wohl auch wohl unbewusst, einen bis heute ungebrochenen Run auf die höchsten Gipfel Schottlands aus. Gleichzeitig stand er damit für die Namensgebung dieser Bergkategorie Pate. Denn die 3.000er werden heute gemeinhin schlicht als „Munros" bezeichnet. Das Erklimmen jener Berge wird unter dem Begriff „Munro bagging" (bagging = sammeln, ein sacken) zusammengefasst. Und wer alle 282 Munros bestiegen hat, darf sich "Munroist" nennen.

Interessanterweise hat Sir Hugh Munro selber nicht alle Berge gemeistert. Als er 1919 das Zeitliche segnete, fehlten ihm noch zwei Gipfel in seiner Sammlung – was seinem Ruhm aber keinen Abbruch tat. Der Erste, der dieses Kunststück fertig brachte, war 1901 ein gewisser Reverend A. E. Robertson. Inzwischen sind rund

2.500 Naturfreunde seinem Beispiel gefolgt, obschon das ehrgeizige Unterfangen in der Regel ruht zehn bis 15 Jahre in Anspruch nimmt.

Doch längst begnügt sich der Brite nicht mehr allein mit Munro-Bagging. Immer wieder erfährt der Volkssport durch kuriose Rekordversuche neue Aspekte. Auf dem Weg zu persönlichen Bestleistungen, aber auch zu Ruhm und Ehre, versuchen besonders ehrgeizige Zeitgenossen schon mal alle Munros ohne Unterbrechung, bei Eis und Schnee oder binnen eines Monats zu bewältigen. Einige streben auch an, ein doppelter oder gar dreifacher Munroist zu werden. Für sie ist das Besteigen der 3000er wie eine Sucht. Und die ansteckende Begeisterung macht selbst an den Landesgrenzen nicht halt. Schließlich ist es eine große Verlockung als erste Frau oder erster Mann aus Deutschland, Norwegen oder Holland ein Stück schottischer Berggeschichte zu schreiben.

Eine Übersicht über alle anerkannten Munros ist im Internet unter ➲ www.munromagic.com zu finden. Dort - und im Buchhandel - sind auch Nachweishefte erhältlich werden, in denen das Erklimmen der einzelnen Munros für die Nachwelt dokumentiert werden kann.

* * * * *

Monstermania in den Highlands

Um kaum ein anderes Wesen ranken sich wohl mehr Geschichten und Mythen als um das sagenumwobene Monster vom Loch Ness im schottischen Hochland. Über Nessies Aussehen streiten sich die Geister ebenso wie über dessen Existenz, auch wenn das Loch Ness Centre im Touristenzentrum Drumnadrochit in einem künstlichen Teich direkt am Ufer des rund 38 Kilometer langen und bis zu 300 Meter tiefen Sees ein lebensgroßes Modell des geliebten Ungeheuers zeigt.

Schon im 6. Jahrhundert will der irische Missionar St. Columba im Great Glen, der großen Schlucht, die vor circa zwei Millionen Jahren aufbrach und die Highlands von Nordosten nach Südwesten durchschneidet, jene Kreatur mit echsenähnlichem Kopf, einem langen Schlangenhals und zwei Höckern gesichtet haben. Mutig wie der Kirchenmann war, hat er das Monster mit seinem Kreuz - so die Erzählung - zurück ins Wasser getrieben.

Seine eigentliche Popularität erlangte Nessie jedoch erst als 1933 ein gewisser Hugh Gray ein, selbstverständlich unscharfes Foto des Monsters schoss, und die Echtheit des Bildes von einer Fotofirma bestätigt wurde. Wenige Wochen zuvor will ein Mr. Spicer bei der Fahrt entlang der damals neu gebauten Uferstraße, der heutigen A82, einen schwarzgrauen Fleischberg mit über zehn Meter Länge, riesigem Hals und kleinem Kopf im See gesehen haben.

Und in dem Maße, wie sich die Zahl der Augenzeugenberichte mehrte, lösten die mysteriösen Vorfälle eine wahre Monstermania aus. 1934 stellte das schottische Parlament Nessie sogar unter gesetzlichen Schutz. Seither geben mehr als 7.000, meist illustre Zeitgenossen vor, das Ungetier, das von dem britischen Zoologen Sir Peter Scott auf den wissenschaftlichen Namen Nessiteras rhombopterix getauft wurde, zu Gesicht bekommen zu haben. Und die Liste der Augenzeugen ziert beileibe nicht nur Namen von Pub-

Besuchern, denen nachgesagt werden könnte, sie hätten ein Pint zu viel gehabt, sondern auch die von Parlamentsangehörigen, Rechtsanwälten und Geistigen.

Immer häufiger und in immer kürzeren Abständen tauchten Fotos des Monsters auf. Erklärungsversuche dieses Phänomens reichen von einer Laune der Natur in Form eines außergewöhnlichen Zusammenspiels von Wind und Wellen bis hin zu der Vorstellung eines schwimmenden Baumstamms oder von zwei umgekippten Booten mit einem Tier darauf.

Um sicher zu gehen, dass keine Fotomontagen vorliegen, wurde viele der Fotos des Monsters den Labors der NASA und des britischen Verteidigungsministeriums übergeben. Beim Gros der Aufnahmen – so die Ansicht der Experten – scheinen Fälschungen ausgeschlossen. Als Konsequenz nahmen auch wissenschaftliche Forscherteams ihre Untersuchungen auf. In den 1960er Jahren wurde das Loch Investigation Bureau ins Leben gerufen und mit einer systematischen Untersuchung des Sees begonnen. Mit Echolot und Unterwasserkameras, mit U-Booten und Sonargeräten sowie zahlreichen anderen technischen Hilfsmitteln machten sich die Wissenschaftler auf die Suche nach dem Unbekannten – bislang jedoch vergebens.

Die irische Guinness-Brauerei setzte sogar ein Kopfgeld in Höhe von 500.000 britischen Pfund auf den Fang des Monsters aus. Seither besitzt der Loch Ness eine magische Anziehungskraft auf Touristen aller Herren Länder. Und fast alljährlich hebt sich in den Sommermonaten nach einem exakten Zeugnis aller am Fremdenverkehr gut verdienender Bewohner des Great Glens die sagenumwobene Mischung aus Walfisch und Dinosaurier aus den Fluten, um neue Werbewellen aus den großen Nüstern zu blasen und dann ebenso schnell wieder in den Tiefen des Loch Ness zu verschwinden.

Die Theorie besagt, dass die Kreatur vor Tausenden von Jahren, als das Landniveau stieg, im Loch Ness eingeschlossen wurde. Es ist jedoch völlig unklar, wie das Ungetüm in dem berühmtesten See Großbritanniens, der einst mit dem Meer verbunden war, genug Nahrung zum Überleben finden konnte. Das riesige Gewässer, dessen Profil durch steil abfallende Ufer und zwei flache Becken gekennzeichnet ist, enthält kaum Plankton, ist extrem dunkel und friert nie zu. Bei niedrigen Wassertemperaturen von ganzjährig konstant fünf bis sechs Grad Celsius und hohem Sauerstoffgehalt beheimatet Loch Ness knapp 30 Fischarten von der Forelle über den Aal bis hin zum Stichling und Hecht.

Obwohl die Wahrscheinlichkeit, einen Blick von Nessie zu erhaschen, etwa so groß ist wie die Chance, dass es im März in Schottland nicht regnet, ist eine Bootsfahrt auf dem malerischen Binnensee fast schon ein Muss und lässt die Mythen und Geschichten um das Ungeheuer in einem ganz neuen Licht erscheinen.

Loch Ness gehört als Teil des Kaledonischen Kanals zusammen mit Loch Linnhe, Loch Lochy und Loch Oich zu der 97 Kilometer langen Verbindung zwischen Nordsee und Atlantik, die Anfang des 19. Jahrhunderts nach Plänen des berühmten Architekten Thomas Telford hergestellt wurde. Es wäre also denkbar, dass sich Nessie je nach Lust und Laune mittels dieser Wasserstraße in das offene Meer verflüchtigt. Allerdings müsste das Monster dann verschiedene Staustufen überwinden.

Wer den Bootsfahrten eher skeptisch gegenüber steht, dem bietet sich von Urquart Castle ein herrlicher Rundblick über das Loch. Die wohl meist fotografierte Ruine Schottlands, deren älteste Teile aus dem 13. Jahrhundert stammen und von der nur ein paar Mauern noch stehen, liegt auf einer malerischen Landzunge und diente einst der strategischen Überwachung des Great Glen. 1691 wurde die umkämpfte Burg in die Luft gesprengt, damit sie nicht in die Hände der Jakobiten fiel. Und noch heute sind die Narben von 200

Jahren Freiheitskampf und Belagerung allgegenwärtig.
Hoch im Kurs stehen auch die wenige Kilometer entfernt liegenden Loch Ness Centre im Touristenzentrum Drumnadrochit. Hier wird alles Wissenswerte rund um das Seeungeheuer mit Hilfe von Fotos, Zeichnungen, Modellen und verschiedenen multimedialen Medien anschaulich präsentiert. Die wissenschaftlichen Erkenntnisse werden ebenso verständlich aufbereitet wie wilde Theorien und Erklärungsversuche. Und, damit das Phänomen Loch Ness, das bei nüchterner Betrachtung eher wie ein riesiger, enorm erfolgreicher PR-Gag anmutet, zumindest bei den Andenkenjägern nicht verebbt, steht Nessie für ein paar Pfund in allen erdenklichen Formen aus Plüsch, Plastik oder Porzellan zum Verkauf.

➜ www.visitinvernesslochness.com, www.lochness.com

* * * * *

Langweilig und Öde voller Stolz

Landschaftlich gehört das schottische Hochland fraglos zu den faszinierendsten Regionen in ganz Großbritannien. Gleichwohl herrscht inmitten von Bens, Glens, Schafen und jeder Menge Heidekraut eine gewisse Tristesse – zumindest aus Sicht der jüngeren Bewohner. Größere Städte gibt es hier nicht. Entsprechend gering sind abseits von Wandern, Radfahren, Fischen und Klettern die Freizeitmöglichkeiten, da das kulturelle Angebot sehr überschaubar ist. Theater oder gar Kinos sind in weiten Teilen des Hochlandes Mangelware. Eine gewisse Eintönigkeit, die sich bisweilen in den Ortsnamen ausdrückt. So etwa in einem Nest in Perthshire: „Dull", zu Deutsch öde, trist oder langweilig, heißt das Fleckchen Erde mit gerade einmal knapp zwei Dutzend Häusern. In Dull, wo kein einziges Geschäft zu finden ist, werden, so Spötter, nicht nur abends die Bürgersteige hochgeklappt. Gleichwohl schaffte es Dull 2012 zumindest kurzfristig ins internationale Rampenlicht. Das knapp 80 Einwohner zählende Dorf fand auf Initiative von Elizabeth Leighton, die im Urlaub durch Oregon radelte, auf der anderen Seite des großen Teichs eine Partnerstadt. Üblicherweise sind diese ja ähnlich strukturiert oder haben eine ähnliche Geschichte.
Im Falle von Dull ist dies anders. Hier gab eine Namensähnlichkeit den Ausschlag für die vermeintlich ödeste Städteverbindung des Erdballs. Denn Dull konnte freundschaftliche Bande mit Boring im US-Bundesstaat Oregon knüpfen. Der Name der 8.000 Einwohner zählende Stadt, die ein Zentrum der Holzwirtschaft ist, bedeutet eben auch zu Deutsch öde, trist oder langweilig.
Und so zeugen zumindest die Schilder, die die ungewöhnliche Städtepartnerschaft dokumentieren, von ein wenig Humor inmitten der Tristesse von „Öde" in Schottland und „Langweilig" in den USA.

Blökendes Weißgold

Das weiße Gold der Schotten sind die Schafe. Ihre Aufzucht und Haltung ist für viele Farmer ein einträgliches Geschäft. Hundertausende dieser blökenden Wollknäuel grasen im Hochland friedlich vor sich hin und dienen als Wolllieferanten, ehe ihr Fleisch sonntags mit Pfefferminzsauce verfeinert auf den Mittagstisch kommt. Nun ist Schaf nicht gleich Schaf – was nicht auf die geschmackliche Note des Lammbratens gemünzt ist.

Schafbock *„Deveronvale Perfection"* kann für sich in Anspruch nehmen, nicht nur ein überaus potentes Kerlchen, sondern auch ein Weltrekordschaf zu sein – zumindest mit Blick auf die Summe, die für ihn gezahlt wurde. Denn bei einer Auktion im schottischen Lanark wurden für *Deveronvale Perfection* im Jahre 2009 rekordverdächtige 260.000 Euro hingeblättert. Ausschlaggebende Argumente für den Kauf waren, so hieß es auf Seiten des Käuferkonsortiums, die robuste körperliche Verfassung, aber auch der schöne Schädel, die gut geformten Beine und die gute Wolle des Tieres.

Eine schier unglaubliche „Ablösesumme", die mit großen Erwatungen an das acht Monate alte Jungschaf verknüpft waren. Denn der Vierbeiner trat damit in die Fußstapfen – oder besser gesagt Hufe – von *„Tophill Joe"*, den bisherigen Rekordhalter, der sein Anschaffungskosten von 150.000 Euro rechtfertigte, in dem er Zeit seines Lebens mehr als 1.000 Lämmer im Wert von einer Million Euro zeugte. Kein leichtes Erbe also für *Deveronvale Perfection*. Bleibt zu hoffen, dass der Bock tatsächlich Bock hat – und zwar auf viele, viele Schafsfrauen. Ansonsten dürfte er in Teilen wohl wieder Geschichte schreiben – als teuersten Haggis der schottischen Geschichte.

Doch egal, wie viele Nachkommen *Deveronvale Perfection* auch in die Welt setzen wird, in punkto Berühmtheit bleibt er klar zweiter

Sieger, was nicht nur an seinem wenig einprägsamen Namen liegt. Das Rennen macht hier eindeutig *Dolly*, das 1997 als erstes Klonschaf der Welt das Licht derselbigen erblickte. Wissenschaftler des Roslin Institus in Edinburgh hatten in einem aufwendigen Verfahren einem Schaf Euterzellen entnommen, deren Erbgut isoliert und in eine zuvor entkernte Eizelle eingesetzt. Der dadurch entstandene Embryo wurde so dann in die Gebärmutter eines weiteren Schafes gesetzt und wuchs zu einem gesunden Tier heran, dem Klonschaf Dolly.

Einen Kunstfehler hatte das künstlich erzeugte Schaf jedoch: einen schnellen Alterungsprozess. Schon am 24. Februar 2003 verstarb Dolly im zarten Alter von sechs Jahren. Zum Vergleich: bei natürlich gezeugten Schafen liegt die durchschnittliche Lebenserwartung bei zehn bis zwölf Jahren.

*****

Schafsmagen im Schleudergang

Schon beim Gedanken an das schottische Nationalgericht dreht sich vielen der Magen um. *Haggis* ist ein mit Herz, Leber, Lunge, Nierenfett, Zwiebeln und Hafermehl gefüllter Schafsmagen, der mit Pfeffer kräftig gewürzt wird. Vielleicht liegt auch darin der Grund, warum die Region lange Jahre als kulinarisches Niemandsland galt, was aber nichts daran ändert, dass sich Haggis bei den Schotten nach wie vor größter Beliebtheit erfreut.

Gleichwohl nutzen die Schotten den Schafsmagen gerne auch als Sportgerät. Alljährlich im Sommer ermitteln sie an wechselnden Austragungsorten bei den *World Haggis Hurling Championships* den Weltmeister im Schafsmagenwerfen. Klar, werden nun einige denken, wir leben ja auch in einer Wegwerfgesellschaft, und essen will so ein Zeug sowieso niemand freiwillig.

Bei dem Wettbewerb geht es darum, von einer erhobenen Position, zumeist von halben Whisky-Fässern herunter, einen Haggis möglichst weit und zielgenau zu werfen. Der Wettkampf-Schafsmagen muss 500 Gramm auf die Waage bringen, bei einem Durchmesser von 18 Zentimetern und einer Länge von 22 Zentimetern.

Zur Vorbereitung auf den Wettkampf muss der Haggis kühl gelagert werden. Vor dem Wurf wird das essbare Sportgerät noch einmal von einer Jury genauestens unter die Lupe genommen, damit sichergestellt wird, dass dem Haggis keine unerlaubten Substanzen beigemischt werden. Schafsmagen-Doping zur Verbesserung der Flugeigenschaften ist nun mal verboten.

Die Idee zu diesem Wettbewerb, der den Vergleich zum Handy-Weitwurf in Finnland kaum scheuen muss, stammt von Robin Dunseath. Der langjährige Präsident der World Haggis Hurling Association will nach eigenem Bekunden den Wettbewerb 1977 als Spaßevent für das Gathering of the Clans Festival in Edinburgh erfunden haben. Die tolle Resonanz bei der Premiere in der schottischen Hauptstadt führte schließlich dazu, dass der Sport mehr und mehr Verbreitung fand und seither vielfach genutzt wird, um Geld für mildtätige Organisationen zu sammeln.

Tatsächlich jedoch haben in früheren Jahrhunderten die schottischen Hausfrauen ihren Männern, die bei der Feldarbeit waren oder Torf stachen, eine Mahlzeit vorbeigebracht. Um dabei Flüsse oder Bäche nicht zu überqueren, warfen sie ihnen schlicht den Haggis zu.

Den Weltrekord im Haggis-Weitwurf hielt übrigens über mehr als zweieinhalb Jahrzehnte der Schotte Alan Pettigrew. Dieser hatte 1984 den gefüllten Schafsmagen 58 Meter weit geschleudert, ehe er im Jahre 2011 vom Thron gestoßen wurde, als Lorne Coltart in Milngavie den Haggis über sensationelle 66,14 Meter durch die Lüfte katapultierte.

Apropos Haggis, abseits des sportlichen Aspekts gibt es noch eine interessante Fußnote zur schottischen Leibspeise. Als der Onlinebuchhändler Lovereading (➲ www.lovereading.co.uk) im Jahr 2010 eine repräsentative Umfrage mit 2.000 Teilnehmern im Alter unter 30 Jahren in Auftrage gab, kam dabei Erschreckendes über das Bildungsniveau zu Tage: Denn 67 Prozent der jungen Männer war davon überzeugt, dass Nationaldichter Robert Burns den Haggis erfunden hat. Damit war Burns übrigens in bester Gesellschaft. Denn 19 Prozent gaben an, das Charles Darwin den Romanklassiker „Oliver Twist" verfasst hätte. Was gar nicht so schlecht geraten war. Schließlich war mit Blick auf den tatsächlichen Verfasser Charles Dickens ja zumindest der Vorname korrekt. Vor diesem Hintergrund wundert es auch wenig, dass die Youngster im Mittel zwischen acht und zwölf Monaten brauchen, um ein normales Taschenbuch durchzulesen. Schließlich müssen sie ja scheinbar jeden zweiten Begriff nachschlagen. Da dreht sich selbst dem größten Haggis-Liebhaber der Schafsmagen um...

Robert Burns - der Bauer mit den himmlischen Eingebungen

Er galt als Lebemann mit einer Schwäche für Alkohol und Frauen, aber auch als genialer Dichter und Komponist. Noch heute wird er als literarischer Nationalheld verehrt und als Wegbereiter der Romantik vergöttert. Die Rede ist von Robert Burns, der schon zu Lebzeiten als „Bauer mit den himmlischen Eingebungen" bezeichnet wurde und als Poet der einfachen Leute Unsterblichkeit erlangte.

Sentimentale Lyrik und Erzählungen wurden ebenso zu seinem Markenzeichen wie patriotische Gedichte und beißende Sozialkritik. Robert Burns opponierte gegen den Puritanismus sowie gegen die politische Union mit England. Er besang seine Liebe zur Natur und zu seiner Heimat. Sein kurzer, von Nackenschlägen geprägter Lebensweg führte im Zickzack durch die Grafschaften Ayrshire und Dumfriesshire.

Idealer Startpunkt für eine kurzweilige Rundreise entlang des „Burns Heritage Trail" ist das Seebad Ayr, wo neben einem Denkmal unweit des Bahnhofs vor allem das Tam O'Shanter Inn, bei dessen Namengebung eine Ballade von Burns Pate stand, die Neugierde auf die Lebensgeschichte des Poeten weckt.

In mondänen Alloway, am südlichen Rand von Ayr, erblickte Robert Burnes, der 1786 seinen Namen in Burns änderte, am 25. Januar 1759 das Licht der Welt. Das Burns-Cottage zeigt noch heute die einfachen Gemächer und vermittelt einen Eindruck vom spärlichen Leben der Familie Burnes. In unmittelbarer Nachbarschaft befindet sich ein kleines Museum mit Bildern, Büchern und Briefen des Dichters, darunter auch das Originalmanuskript seines fraglos wohl berühmtesten Liedes „Auld Lang Syne" („Nehmt Abschied Brüder").

Nur einen Steinwurf vom Geburtshaus entfernt, erheben sich die

Ruinen der Alloway Kirk, wo Burns getauft wurde und auf deren Friedhof die Eltern des Dichters begraben liegen. Schräg gegenüber befindet sich die Tam O'Shanter Experience, wo das Leben des Barden audiovisuell aufgearbeitet wird.
Ein Spaziergang über die Bridge O'Doon lässt die kurzweilige Geschichte von Tam O'Shanter lebendig werden. Burns bekanntester literarischer Held hatte einen Hexenzirkel in der Ruine der Kirche von Alloway gestört. Von den Hexen verfolgt, entkam Tam über die Bridge O'Doon. Allerdings musste sein Pferd Meg dabei seinen Schweif opfern. Der beste Blick auf die Steinbrücke aus dem 13. Jahrhundert bietet sich vom protzigen Burns-Monument in den Burns Gardens.
Einen Besuch wert ist auch Souter Johnnie's Cottage in Kirkoswald. 1775 soll Burns hier Douglas Graham von der Shanter Farm, der von allen „Tam" genannt wurde, und den Schuhmacher John Davidson, bekannt als „Souter Johnnie", kennen gelernt haben. Ihnen gemeinsam ist nicht nur, dass sie auf dem Friedhof von Kirkoswald begraben liegen, sondern auch dass sie als Figuren in Burns Ballade „Tam O'Shanter" eingegangen sind und von Bildhauer James Thom in einem Kunstwerk verewigt wurden. Denn im Garten des Cottages, das heute als Burns Museum dient, sitzen die Figuren der Ballade als lebensgroße Skulpturen in fröhlicher Runde zusammen.
1777 übernahmen die Burns die ertragsarme Lochlea Farm in Tarbolton. In dem kleinen Örtchen ist noch heute der Bachelors Club, ein literarischer Debattierclub, den Burns 1780 zusammen mit seinem Bruder Gilbert ins Leben rief, zu Hause.
In Mauchline soll der damals unbekannte Dichter ein erstes Techtelmechtel mit seiner späteren Frau, Jean Armour, gehabt haben. Das dortige Burns House Museum zeigt den Raum, den das Liebespaar einst bewohnte. Ein Saufgelage in der Possie Nanncie's Tavern, einem Pub, in dem Burns sich oft die Kehle benetzte und

das noch immer ein idealer Ort für ein Pint ist, soll den Nationaldichter zu seinem noch heute populären Lied „The Jolly beggars" inspiriert haben.
Den Ortsausgang von Mauchline ziert der wenig spektakuläre Burns Memorial Tower und etwas westlich liegt Mossgiel Farm, wo Burns als Bauer lebte. Von hier verschlug es ihn samt Familie nach Ellisland, wo er versuchte, neue Anbaumethoden einzuführen, aber auch Zeit und Muse fand, Werke wie „Auld Land Syne" zu verfassen. Heute ist hier ebenfalls ein kleines Museum eingerichtet.
1791 gab Burns die Farmarbeit auf und zog mit seiner Familie nach Dumfries, wo er als Steuereintreiber arbeitete. In der Mill Vennel, die heute Burns Street heißt, steht das einstige Wohnhaus des Barden. Manuskripte, Briefe und Erstausgaben seiner Bücher zeugen hier vom Leben und Schaffen des Literaten. In das Fenster im Schlafzimmer hat Burns seinen Namen mit einem Diamantring eingeritzt. Und in der High Street ist das Globe Inn, die Stammkneipe von Burns, zu finden. Noch heute können Besucher in seinem Lieblingssessel am Kamin Platz nehmen sowie die Verse und Liebeserklärungen an die Kellnerinnen lesen, die er in die Scheiben ritzte. Neben dem historischen Rathaus von 1707 befindet sich mit dem Hole i'the Wa ein historischer Pub, in dem Burns regelmäßig zu Gast war, bevor er am 21. Juli 1796 an den Folgen eines rheumatischen Fiebers mit nur 37 Jahren verstarb. Sein Leichnam wurde im Rathaus aufgebahrt, bevor er auf dem Friedhof der St. Michael's Church beigesetzt wurde. 1815 wurde er dann in ein großzügiges Mausoleum umgebettet.
Vor der Greyfriars Church am Ende der High Street zeigt heute ein 1882 errichtetes Denkmal den literarischen Nationalhelden. Und am Ufer des River Nith liegt das Robert Burns Centre, das sich dem Leben des Dichters, insbesondere aber auch seiner Beziehung zu Dumfries widmet.

Unabhängig davon ist Robert Burns auch fast 220 Jahre nach seinem Tod zumindest musikalisch noch allgegenwärtig. So ist sein „Auld lang syne" seit Jahr und Tag ein unverzichtbarer Bestandteil des Hogmanay (Silvester) in Schottland. Und auch am 25. Januar erklingt der melodische Song jahrein, jahraus überall auf der Welt, wenn mehr als 1.100 Burns-Gesellschaften in Gedenken an den Dichter die Burns Night mit einem zünftigen Abendessen begehen und Werke des Poeten rezitieren.

Das erste Burns Supper fand im Juli 1801 statt, als sich neun von Burns' engsten Freunden an seinem fünften Todestag trafen, um ihm gemeinsam zu gedenken. Dieser Abend wurde im Burns Cottage in Alloway abgehalten

Zu Dudelsackklängen wird ein Burns Supper, bestehend aus Haggis (einem mit Innereien gefüllten Schafsmagen), Kartoffelbrei und Steckrüben serviert. Was zu Burns Lebzeiten Grundnahrungsmittel für die einfachen Menschen war, ist heute für viele eher schwer verdauliche Kost - ganz im Gegensatz zu den zeitlosen Werken des großen Poeten, die nicht nur im Burns Country noch immer großen Zuspruch finden.

➲ www.burnsmuseum.org.uk

*****

Highland Games - Karierte Röcke und fliegende Baumstämme

Traditionell fliegen von Mai bis Septemer im schottischen Hochland die Baumstämme tief – denn dann steht im Norden der britischen Insel die Highland Games Saison mit allerlei kuriosen Wettbewerben, Schwerttänzen und Dudelsacklängen auf dem Programm.

Kyle ist ein menschlicher Kleiderschrank im Rock. Fast zwei Meter groß, rund 120 Kilogramm schwer und ein Kreuz, hinter dem sich die meisten locker umziehen könnten, ohne gesehen zu werden. Dabei hat der 25-jährige Schotte nicht unbedingt die Figur eines durchtrainierten Zehnkämpfers. Im Gegenteil, an Bauch und Hüfte schiebt er das eine oder andere Pfündchen zu viel vor sich her. Und doch ist Kyle ein Bär von einem Mann – noch dazu mit Bärenkräften gesegnet. Mal wirft er riesige Baumstämme, dann stößt er mächtige Steine oder wirbelt einen Stahlhammer durch die Gegend. Kyle, der mit vollem Namen Kyle Robert Randalls heißt, ist einer der Top-Athleten, die zwischen April und September quer durch Schottland bei den so genannten Highland Games bewundert werden können.

Fast an jedem Wochenende ist der Hüne aus der 17.000-Seelen-Gemeinde Grangemouth während der Saison bei den Hochlandspielen im Einsatz, misst sich mit anderen muskelbepackten Kraftmeiern in farbenfrohen Kilts, Hemden mit Schriftzug des Sponsors und Schuhen mit Spikes. Dabei geht es vornehmlich um Ruhm und Ehre. Denn die Preisgelder, die bei den meisten Wettbewerben winken, sind kaum mehr als ein paar Hundert Pfund. Eine Summe, die oft gerade einmal die Kosten für die Anreise und Unterkunft abdecken.

„Mein Ziel ist Braemar", unterstreicht Kyle, was ihn Woche für Woche antreibt. Denn die Athleten erhalten für jeden Wettkampf

Punkte. Nur die Besten qualifizieren sich dann am Ende einer langen Saison für das Royal Braemar Gathering. Die „Mutter aller Hochlandspiele“ steigt seit dem Jahre 1832 traditionell vor mehreren Zehntausenden von Zuschauern am ersten Samstag im September im gleichnamigen Städtchen Braemar.

Ihre große Popularität erlangten die dortigen Spiele 1848, als Königin Victoria erstmals bei den Highland Games zu Gast war. Seither besuchen Mitglieder der britischen Königsfamilie Jahr für Jahr während ihres traditionellen Sommerurlaubs im nahe gelegenen Balmoral Castle die Wettkämpfe, die im Volksmund auch „Oatmeal Olympics", Haferflocken-Olympiade, genannt werden.

„Vielleicht treffe ich ja in diesem Jahr die Königin“, gibt Kyle einen Teil seiner Motivation preis. In seiner Heimat Schottland gehört der sympathische Rechtsanwaltsgehilfe längst zu den Stars der Szene. Ungeachtet einer Fußverletzung, die er sich zu Beginn des Jahres zuzog, ist der Kraftprotz sicher, sich für den Saisonhöhepunkt qualifizieren zu können. Wohl wissend, dass Muskelmasse allein keine Garantie ist. Denn bei den „heavy events“ kommt es ganz entscheidend auch auf Technik und Schnelligkeit an. So etwa beim „throwing the hammer". Dabei wird eine runde Eisenkugel, die an einen Holzstiel befestigt ist, im hohen Bogen durch die Luft geschleudert, wobei die erzielte Höhe und nicht die Weite die Punkte bringt.

Auch beim „putting the stone", dem Steinstoßen, sind Kraft, Schnelligkeit und Technik gefordert, wenn es gilt, mit bis zu fünfzehn Kilogramm schweren, zumeist unförmigen Steinen aus dem Flussbett größtmögliche Weiten zu erzielen.

Ungleich gefährlicher gestaltet sich hingegen das „throwing a weight". Hierbei muss ein knapp 20 Kilogramm schweres Eisengewicht rücklings einarmig über eine Stange befördert werden. Und während das unförmige Gerät oft nur um

Haaresbreite den Hinterkopf der Athleten verfehlt, hoffen vor allem die weiblichen Besucherinnen einen Blick unter den hoch wehenden Schottenrock werfen und eines der letzten großen Geheimnisse der Menschheit lüften zu können.
Doch Kyle winkt lachend ab: „Da gibt's nicht zu sehen. Wir sind verpflichtet, kurze Leggings unter dem Kilt zu tragen – schließlich ist die Veranstaltung jugendfrei."
Königsdisziplin ist das Baumstammwerfen. Beim so genannten „tossing the caber" muss ein etwa sechs Meter langer, knapp 54 Kilogramm schwerer Baumstamm so geworfen werden, dass er sich im Halbkreis in der Luft dreht, auf der Spitze landet, sich überschlägt und dann in gerader Richtung vor dem Werfer zum Liegen kommt. Angeblich soll diese Sportart ihren Ursprung in der Art und Weise haben, wie die Schotten in längst vergangenen Jahrhunderten gefällte Baumstämme über Schluchten oder Bäche hinüber beförderten.
Auch die Highland Games selber blicken auf eine fast 1000-jährige Tradition: Im 11. Jahrhundert soll König Malcolm Canmore bereits die ersten Braemar Games organisiert haben, um aus seinen treuen Gefolgsleuten und Dienern die besten Kuriere und Leibwächter zu ermitteln. Bis heute sind zumindest die heavy events daran angelehnt.
Gleichwohl stehen bei den Hochlandspielen immer auch andere Wettbewerbe auf dem Programm. Dazu gehören beispielsweise musikalische Wettstreite im Dudelsackspielen sowie leichtathletische Wettkämpfe wie Weit- und Hochsprung und Läufe über verschiedene Distanzen.
Fester Bestandteil der Highland Games ist immer auch das „tug o' war", das Tauziehen, bei dem sich zwei konkurrierende Teams mit aller Kraft in den kurz geschorenen Rasen stemmen und tiefe Furchen in das satte Grün ziehen.
Eine besondere Faszination üben daneben die verschiedenen

Tanzwettbewerbe aus. Zu den bekanntesten Tänzen zählt neben dem „Seann Truibhas" der „Highland Fling", bei dem die anmutigen jungen Tänzerinnen die Arme hoch in die Luft halten und leichtfüßig auf den Fußspitzen über die Holzbalken schweben.

Der charakteristische Tanz soll eher zufällig entstanden sein. Wenn man Erzählungen Glauben schenken kann, soll ein Großvater auf einem Dudelsack gespielt haben, während sein Enkel zu den Klängen der Musik tanzte, als plötzlich am Horizont die Silhouette von zwei Hirschen zu sehen war. Daraufhin soll der Greis den Enkel aufgefordert haben, beim Tanzen die Hände und Arme wie das Geweih der Hirsche zu formen.

Weit bekannt ist auch der legendäre Schwerttanz. Der „Sword Dance" geht angeblich auf ein Ereignis im Jahre 1054 zurück, als König Malcolm Canmore den Stammesfürsten Macbeths erschlug, sein Schwert mit dem des Gefallenen kreuzte und einen Tanz über die Klingen vorführte. Seither galt das Berühren eines der Schwerter mit dem Fuß als schlechtes Omen für die nächste Schlacht.

Ganz Hoch in der Gunst der Zuschauer stehen zudem die traditionellen Piping Competitions. Den ganzen Tag über messen sich dabei Musiker mit ihren Dudelsäcken und präsentieren ein ungeahnt vielfältiges Repertoire, das von den „Pibrochs", den klassischen Melodien, komponiert für Geburtstage und Hochzeiten, über Militärmärsche bis hin zu „Strathspey" und „Reels" (Tanzmusik) reicht.

„Die Highland Games sind ein Stück gelebte schottische Tradition", verkündet Kyle nicht ohne Stolz – wohl wissend, selber Teil der gelebten Tradition zu sein. Und so haben die Highland Games – nicht nur in Braemar – bis heute Magnetwirkung. Ein Spektakel, bei dem muskelbepackte Männer in farbenfrohen Kilts unförmige Steine und riesige Baumstämme durch die Luft wirbeln, während wenige Meter entfernt zumeist grazile junge Damen mit filigranen

Bewegungen traditionelle Tänze aufführen. Wettbewerbe, die zusammen mit den melodischen wie eindringlichen Dudelsackklängen den Besuch der Highland Games zu einem unvergesslichen Erlebnis machen.

➜ www.shga.co.uk , www.braemargathering.org

Unterm Schottenrock

Tausende haben darüber gerätselt, was wohl unter dem Schottenrock zu sehen sei. Ganze Heerscharen von Touristen versuchen mit billigen Tricks, wie dem Zubinden des Schuhs oder dem Aufheben eines absichtlich fallen gelassenen Gegenstandes wie zufällig einen Blick unter den Kilt zu werfen. Denn der Schottenrock beziehungsweise das, was darunter ist, zählt zu den wohl best gehüteten Geheimnissen der Träger. Gleichwohl soll der wahre Schotte unter dem Rock mit Tartan-Muster angeblich nicht mit seinen Reizen geizen und auf das Tragen von Unterwäsche gänzlich verzichten. Motto: „Let him swing". Nun regten verschiedene Kilt-Hersteller sowie der Verband der Kilt-Hersteller an, dass künftig Unterhosen unter dem Rock getragen werden sollten - nicht etwa weil kollektive Blasenentzündungen bei den Trägern befürchtet werden, sondern vor allem aus Hygienegründen. Denn viele Schotten leihen sich für festliche Anlässe die teueren Wickelröcke. Und wer weiß, wer diesen vorher getragen hat. So oder so bleibt offen, wie die Unterhosentragenpflicht kontrolliert werden soll. Vielleicht gibt es ja demnächst eine Kiltpolizei, die mit ausfahrbaren Spiegeln Patrouille läuft.

Die Alternative zu den Hochlandspielen

Traditionelle Highland Games werden alljährlich in ganz Schottland abgehalten. Aus diesem Einerlei der Hochlandkultur versuchen die Scottish Alternative Games am Castle Douglas in New Galloway auszubrechen und sich als echte Alternative zu etablieren. So stehen immer am ersten Sonntag im August mit Ausnahme des Tauziehens, des *tug o' war,* keine Wettbewerbe auf dem Programm, die auch anderorts bei den Highland Games im Mittelpunkt stehen.

Stattdessen muss beim *Tractor Pull* ein historischer Traktor der Marke Massey Fergusson 35 aus dem Jahre 1960 über eine Distanz von gut 20 Metern gezogen werden. Beim *Tossin' the Sheaf* gilt es, einen Strohballen mit Hilfe einer Mistgabel möglichst hoch zu werfen. Und beim *Hurlin' the Curlin' Stane* wird ein Eisstock als Wurfgerät eingesetzt. Statt diesen zielgenau über eine Eisfläche zu schieben, stehen bei diesem Wettbewerb allein die erzielten Bestweiten im Blickpunkt.

Höhepunkt der Alternativspiele sind stets die *Gird n' Cleek World Championships*, die Weltmeisterschaften im Metallring rollen. Der Gird ist ein Eisenring mit einem Umfang von 91 Zentimetern, der Cleek eine Stange, mit der der Ring vorwärts bewegt wird. Gegen die Uhr gilt es dabei einen ovalen Rennkurs in möglichst schneller Zeit zu absolvieren. Komplettiert wird die Traditionsveranstaltung durch ein Schneckenrennen, bei dem die Besucher ihr Geld auf den potentiellen Sieger am Ende der Schleimspur setzen können.

➔ www.facebook.com/pages/category/Sports-Event/The-Scottish-Alternative-Games-New-Galloway-275903176494927/

*****

Königlicher Sport im Hochland

Ganz ehrlich, ein bisschen schmeichelt es mir schon, wenn eine junge Dame im zarten Alter von gerade einmal 16 Jahren voll auf mich fliegt. Ihre Figur ist tadellos. Dazu diese tief braunen Augen. Dieser wache Blick, dem nichts zu entgehen scheint. Der bräunliche Teint – wenn man überhaupt davon sprechen kann. Ihre Brust ist überaus flauschig. Irgendwie war es schön und unerwartet weich, als ich diese mit zum ersten Mal darüber streichelte. Etwas gewöhnungsbedürftig sind allerdings die Essgewohnheiten der jungen Dame. Mal nascht sie ein Entenbein, mal einen Hühnerkopf – und alles von meinem in Leder gehüllten Handrücken.

Etwas bedrohlich wirken auch ihre spitzen Krallen. Mit diesen pflegt sie die „Auserkorenen" festzuhalten, bevor sie ihnen den spitzen Schnabel in den Leib rammt. Das ist nicht gerade ladylike, aber so ist Spey nun mal. Andererseits ist ihr Verhalten für einen Falken völlig normal. Zusammen mit 45 Artgenossen verdient sie ihre Brötchen, oder besser gesagt, Kaninchen- oder Fasanstücke im schottischen Gleneagles.

Seit 1992 ist die renommierte Falkenschule, deren Dienste auch gern von den Scheichs und Fürsten der arabischen Welt in Anspruch genommen werden, auf dem Areal des berühmten Luxushotels in Auchterarder in der schottischen Grafschaft Perthshire angesiedelt. Bekannt ist die feudale Herberge weltweit in erster Linie dank seiner traumhaften Golfplätze. Mit dem King's Course, dem Queen's Course und dem PGA Centenary Course verfügt Gleneagles gleich über drei erstklassige Plätze, auf denen regelmäßig die PGA-Tour der Golfprofis ihre Meisterschaften austrägt und 2014 der Ryders Cup ausgespielt wird.

Aber der Luxustempel besticht noch durch weitere attraktive Angebote. Dazu gehört ein Reitzentrum, das nicht nur als

Trainingsstätte für die britischen Nationenreiter dient, sondern jährlich rund 70 Turniere und Meisterschaften bis hin zur Olympiaqualifikation beheimatet. Daneben hält Gleneagles einen riesigen Spa-Bereich, Off-Road-Parcours für Jeeps, eine Fischerei-, Jagdhunde- und Schießschule vor - und nicht zu vergessen, die Falkenschule.

„Falken sind überaus energiebewusst und fliegen nicht aus Spaß. Für sie gibt es nur drei Gründe abzuheben: Balz, Migration und Hunger", erläutert Steve Burdett. Dieser arbeitet seit mittlerweile zwölf Jahren in Gleneagles als Falkner und führt interessierte Besucher in den Umgang mit den wendigen Greifvögeln ein. Nachdem er Spey aus ihrem Käfig geholt hat, wird die Falkendame zunächst verwogen. Der Vogel mit dem Namen der berühmten schottischen Whiskyregion bringt exakt 860 Gramm auf die Waage. Ideales Fluggewicht.

„Die Falken kommen nur zurück, weil sie von klein auf an uns Menschen gewöhnt sind und wir ihnen immer leicht zugängliches Futter servieren", lässt uns Steve wissen, um so dann die Dame mit der 98 Zentimeter großen Spannweite von ihrer Kopfhaube zu befreien. „Falken sind sehr nervöse Tiere. Wenn sie die Mütze übergestülpt haben, denken sie es wäre Nacht und sie entspannen sich", ergänzt Steve, während er Spey auf meinen Lederhandschuh setzt und mich bittet, die Beinriemen zwischen Daumen und Zeigefinger einzuklemmen.

Geduldig wartet Spey auf meinem angewinkelten Arm, flattert hier und da ein bisschen mit den Flügeln. Zeitgleich mit einem Ausfallschritt nach vorn lasse ich die Beinriemen los und Spey gleitet mit eleganten Flügelschlägen durch die vom Duft des Heidekrauts erfüllten Lüfte. Auf einem rund 40 Meter entfernten Metallständer setzt sie zur Landung an und verharrt still. Doch sobald Steve Burdett ein Fleischstückchen auf meinem Lederhandschuh platziert, setzen sich der Raubvögel in Bewegung.

Blitzschnell und punktgenau landet Spey wieder auf dem Handschuh, um die leichte „Beute" mit einem Bissen zu verschlingen.
Jährlich lassen sich in Gleneagles mehr als 4.000 Besucher in die Geheimnisse der Falknerei einführen. Lange galt die Jagd mit den wendigen und ungemein schnellen Raubvögeln, den „Birds of Prey", als Sport der Könige. Schon 400 Jahre vor Christus sollen die Herrscher im heutigen China und Japan diesem Hobby gefrönt haben. „Am englischen Hofe standen die Falkenmeister in der Hierarchie sogar an vierter Stelle und saßen bei Tisch in der Nähe des Monarchen", weiß Steve zu berichten.
Und obwohl zumindest auf der arabischen Halbinsel die Falknerei bis heute als königliches Vergnügen der Herrscherfamilien gilt, ist dieses Hobby dank der Arbeit des Falkner-Teams um Steve Burdett in Schottland zu einem Sport für jedermann geworden. In Gleneagles können geneigte Besucher, ausgestattet mit Wachsjacke, Gummistiefeln und Lederhandschuh, den Umgang mit den gefiederten Jägern in all seinen Facetten studieren und unter Anleitung der professionellen Falkner ausprobieren.
„In freier Wildbahn erkennen die Jungvögel die Tiere, die sie jagen müssen, daran, welche Beute die Eltern zum Nest bringen", so Steve Burdett weiter. Anders stellt sich die Situation für die 46 Falken in Gleneagles dar. Diese müssen Schritt für Schritt angelernt werden. Nur der Jagdinstinkt ist angeboren.
„Nachdem die Vögel über einige Tage beispielsweise mit Kaninchenfleisch gefüttert wurden, werfen wir ihnen zusammen mit dem Fleisch das Fell eines toten Kaninchens vor. Und nach einer Weile erkennen die Falken die Kaninchen dann als Nahrungsquelle und jagen diese", gewährt Steve einen Einblick in die Aufzucht der Greifvögel von Gleneagles, die jährlich allein mehr als 1.200 Kaninchen fangen.
In diesem Moment schlägt Spey, die eigentlich wieder auf meinem

ausgestreckten Lederhandschuh landen sollte, einen Haken und stürzt sich mit enormer Geschwindigkeit - Falken lassen sich aus großer Höhe mit bis zu 300 Stundenkilometern fallen - auf einen Fasan, der zufällig über ein nahe gelegenes Feld spaziert. Ein folgenschwerer Fehler, den der Fasan teuer bezahlen muss. Denn so sehr sich Steve Burdett auch bemüht, den Falken zurückzurufen, der Instinkt des fliegenden Jägers ist stärker. In Sekundenschnelle hat der Hühnervogel sein Leben ausgehaucht.

Erst jetzt reagiert Spey, die durch die vielen Leckerchen während unseres Spazierganges rund um Gleneagles längst gesättigt ist, wieder auf die Befehle des Falkners. Mit ein, zwei Flügelschlägen nimmt die 16 Jahre alte Dame ihren Platz auf meinem Handschuh ein und wartet geduldig auf die nächste Flugübung, während für mich die Trainingsstunde schon jetzt zu einem unvergesslichen Erlebnis geworden ist...

➲ www.gleneagles.com

*****

Skivergnügen im schottischen Hochland

„Was, du willst in Schottland Skifahren? Haben die überhaupt Berge?“ Fragen, die keine Seltenheit sind, sobald vom Skivergnügen im schottischen Hochland die Rede ist. Pistenkilometer sind tatsächlich Pfunde, mit denen die Schotten mächtig geizen. Stattdessen bieten die Wintersportgebiete nördlich von Edinburgh und Glasgow in all ihrer Beschaulichkeit ein stimmungsvolles Flair fernab ab vom Massentourismus.

Schlange stehen an den Liften ist ebenso unbekannt wie überfüllte Pisten. Drangvolle Enge ist ein Fremdwort. Hier, wo es fast zehnmal so viele Schafe wie Menschen gibt, wo auf den kleinen, engen Straßen kaum Autos passieren, tummeln sich die robusten Hochlandrinder, die sich in den kalten Wintermonaten scheinbar ausschließlich von Schnee, Eis und Steinen ernähren.

Nein, mit den klassischen Skigebieten in den Alpen oder den Rocky Mountains ist Schottland tatsächlich nicht zu vergleichen. Die Schneesicherheit ist geringer; die Schneemengen sind weniger üppig; Ben Nevis, der höchste Berg Großbritanniens, misst gerade einmal 1.343 Meter und die höchst gelegenen Pisten sind bei 1.260 Metern zu finden. Dennoch bietet das schottische Hochland in fünf kleinen, aber feinen Skigebieten von Mitte Dezember bis März, mitunter gar bis April oder Mai, alpines Skivergnügen für.

Am höchsten Straßenpass der britischen Insel direkt an der A93 zwischen Perth und Braemar liegt das 790 Hektar große Glenshee Skigebiet (➲ www.ski-glenshee.co.uk).

Bei jedem Schwung auf der nahezu völlig menschenleeren Piste funkeln die Schneekristalle in der aufgehenden Sonne. Die trockene Luft und der herrliche Pulverschnee lassen jegliches Kälteempfinden im Nu verschwinden. Die totale Stille wird lediglich durch das Geräusch der eigenen Skikanten unterbrochen. Gerade einmal eine Handvoll Wintersportenthusiasten tummelt sich auf den 38 erstklassig präparierten Pisten, deren längste gerade einmal zwei Kilometer misst. Insgesamt 26 Lifte bedienen hier Abfahrten mit einer Gesamtlänge von 40 Kilometern.

1985 fanden in Glenshee die *British Speed Skiing Championships* statt. Und in der Tat ist es nicht schwierig, auf den leeren Pisten Tempo zu machen. Hier sind nicht - wie häufig in den Alpen - Hunderte von Fahrern gleichzeitig auf engstem Raum unterwegs. Hier schlängeln sich nicht weite Teile der Piste über enge Ziehwege, die seitlich Hunderte von Metern steil ins Tal abfallen. Das Zauberwort heißt „Platz".

Eben dieser Platz ermöglicht selbst Ungeübten ein ganz neues Geschwindigkeits- und Fahrgefühl. Zugegeben, die Abfahrtsstrecken fallen gediegener aus. Dabei dominieren familienfreundliche blaue und rote Pisten. Und so müssen sich die Könner auf Kufen und Kanten mit verhältnismäßig kurzen schwarzen Abfahrten begnügen. Entschädigt werden die Wintersportler durch das herrliche Panorama und die winterliche Abgeschiedenheit des Hochlandes.

Und dies nicht nur in Glenshee: Rund 40 Kilometer nordwestlich befindet sich unweit von Aviemore das Skigebiet der Cairngorm Mountains (➲ www.cairngormmountain.co.uk) mit seinen 37 Pistenkilometern. Die 17 Liftanlagen überwinden Höhenunterschiede von 667 Metern. Die längste Abfahrt misst 2,9 Kilometer, die höchst gelegene beginnt auf 1.245 Metern unmittelbar unter dem Gipfel.

An beiden Seiten der A 939 zwischen den Tomintoul und Ballater in Royal Deeside in Mitten der Grampian Highlands ist mit The Lecht (➲ www.lecht.co.uk) ein weiteres kleines Skigebiet beheimatet. 14 Lifte, 21 Pisten mit einer Gesamtlänge von 20 Kilometern lassen das Areal, das übrigens auch über eine 200 Meter lange Kunststoffpiste verfügt, zu einem idealen Terrain für Anfänger avancieren. Zudem nennt The Lecht einen Snowboardpark sein eigen, der durchaus für Skifahrer seinen Reiz hat – so etwa auf mich.

Nachdem ich die einzelnen Jumps mehrmals sorgfältig in Augenschein genommen habe, nehme ich all meinen Mut zusammen und fühle ich mich für einen kleinen Moment wie die großen Skispringer.

„Ja, ich bin einer der berühmten deutschen Adler, eine Miniausgabe von Sven Hannawald", denke ich, als ich im freien Fall einen gefühlten 20-Meter-Satz in die Tiefe mache. Nach einer schier unendlich langen Flugphase setzen meine Skier fast parallel auf. Ich stehe die Landung sicher, als ob ich meinen Lebtag nichts anderes gemacht hätte.

Keine Frage, ich bin Deutschlands Antwort auf *Eddie the Eagle*, jenem Briten, der 1988 bei den Olympischen Winterspieler in Calgary als schlechtester Skispringer aller Zeiten Sportgeschichte schrieb. Gut, meine Flugweite war nicht ganz akkurat angegeben. Haltung und Leistung standen ganz in der Tradition von eben jenem Eddie Edwards. Doch 80, 90 Zentimeter waren es bestimmt. Ehrlich! Ich bin doch kein Norweger oder Schweizer, der mit Skiern an den Füßen geboren ist.

Spaß bereitet die Flugeinlage dennoch. Ebenso wie der Besuch eines weiteres schottischen Skigebiets: Am Südrand des Hochlandes vor den Toren von Fort William befindet das Skigebiet der Nevis Range (➲ www.nevisrange.co.uk) . Mit Blick auf die Spitze des Ben Nevis bieten elf Sessel- und Schlepplifte Anschluss an 35 Pisten mit einer Gesamtlänge von 20 Kilometern. Hinzu kommen weitere 15 Kilometer nicht präparierter Piste. Während das Gros des Skigebiets aufgrund seiner Streckenprofile besonders bei Anfängern und Fortgeschrittenen hoch im Kurs steht, kommen Könner auf der Nid Ridge, einer anspruchsvollen schwarzen Piste, auf ihre Kosten.

In Argyll an der schottischen Westküste liegt ein weiteres beliebtes

Skigebiet: Glencoe (➔ www.glencoemountain.co.uk) . Das 200 Hektar große „White Corries“ Area besticht durch das phantastische Panorama eines geschichtsträchtigen Tales. Denn hier wurden im Januar 1692 die Jacobiter freundlichen MacDonalds of Glencoe von einer königstreuen Gruppe unter der Leitung von Robert Campbell of Glenlyon während des so genannten „Massacre of Glencoe" heimtückisch ermordet, nachdem die Campbells zuvor tagelang deren Gastfreundschaft genossen hatten.

Bis auf 1108 Meter hoch geht das kleine Skigebiet mit seinen 16 Pistenkilometern. Sieben Liftanlagen bedienen 17 Abfahrten. Glencoe bietet ein Freestyle Terrain, ein Freeride Terrain, alpine Abfahrten und spezielle Anfängerhügel. Die längste Abfahrt, eine schwarze Piste mit dem trefflichen Namen *Fly Paper*, auf der 1996 die *FIS World Cup Speed Skiing Championship* ausgetragen wurden, misst 1,6 Kilometer und überwindet einen Höhenunterschied von 800 Metern.

Eines ist bei dem winterlichen Skivergnügen in den Highlands jedoch anders: Wilde Apres Ski Partys wie in den Alpen sind eine Seltenheit wie Schnee im August, wohl auch, weil die meisten Skigebiete etwas abseits der Städte liegen. Stattdessen bieten sich im Anschluss an das Pistenvergnügen eine Vielzahl an urigen Pubs an, um den Durst zu stillen. Seit die britische Regierung im November 2005 die legendäre „closing hour" mit dem „last call" um 23 Uhr abgeschafft hat, sind dem Feierdrang auch keine zeitlichen Grenzen mehr gesetzt. Es sei denn, man möchte am nächsten Morgen als einer der Ersten auf der Piste stehen...

➔ www.winterhighland.com, www.ski-scotland.com

* * * * *

Whisky-Genuss mit königlicher Note

Wohl nur die wenigsten dürfen sich rühmen, eine Königsfamilie zum Nachbarn zu haben. Noch dazu eine, die ganz nebenbei auch seit gut 160 Jahren zu den Stammkunden zählt. Und eben jene ansonsten nur selten zu sehenden Blaublüter, die gerne auf ihrem großzügigen Anwesen rund um das prächtige Balmoral Castle ihre Ruhe und Abgeschiedenheit genießen, ließen es sich wiederum nicht nehmen, den Nachbarn auf eine besondere Art zu adeln. Denn niemand Geringeres als die bis heute hoch verehrte Queen Victoria verlieh der kleinen Destillerie bereits im Jahre 1848 das Prädikat „Royal".

Eine Art Ritterschlag, die den erst drei Jahre zuvor durch John Begg gegründeten Whiskyhersteller noch immer mit großem Stolz erfüllt und seither Teil des Markennamens der Royal Lochnagar Destillerie aus dem Dörfchen Crathie in der schottischen Grafschaft Aberdeenshire ist.

„Wir sind sehr gute Nachbarn", lacht Destillerie-Mitarbeiterin Clair Fraser mit Blick auf die knapp zwei Kilometer flussaufwärts am River Dee gelegene Sommerresidenz der britischen Königsfamilie. Gleichzeitig räumt sie ein, dass Thronfolger Prinz Charles in der kleinen Fabrik, bei deren Namensgebung der nahe gelegene Berg Lochnagar Pate stand, ein privates Fass mit Whisky besitze und eingelagert habe.

„Royal Lochnagar ist eine der mit Abstand kleinsten Brennereien in Schottland", zieht Clair einen Vergleich zu den großen Destillerien. Während in Crathie gerade einmal 400.000 Liter im Jahr gebrannt werden, produzieren große Destillerie wie Glenfiddich zwölf Millionen Liter per anno.

„Außerdem ist bei uns alles noch echte Handarbeit. Nichts ist computergesteuert", ergänzt die passionierte Whisky-Trinkerin, deren Vater schon in der Destillerie arbeitete. Im Schichtbetrieb

vollziehen die gerade einmal sechs Mitarbeiter noch heute jeden Arbeitsschritt haargenau so wie zu Zeiten von Gründer John Begg.
„Ein jeder von uns muss viel für sich alleine arbeiten“, betont Clair, dass zum Anforderungsprofil für die Brennerei-Mitarbeiter neben einer guten Nase und einem ausgeprägten Geschmackssinn vor allem gute mathematische Grundkenntnisse gehören, um die Maße richtig kalkulieren zu können. Denn schon geringste Abweichungen von der Norm würden genügen, um den charakteristischen Geschmack, das Aroma und die Farbe des Whiskys entscheidend zu verändern.
„Unser naturbelassenes Quellwasser stammt aus den nahe gelegenen Scarnock Springs“, räumt Clair ein, dass Lochnagar kein Filtersystem für das Wasser besitzt. Dies sei auch nicht notwendig, da die Qualität des Wassers exzellent sei. Zudem würde es im Laufe des Herstellungsprozesses dreimal gekocht. Hinzu komme die alkoholische Gärung. Lediglich grobe Stücke wie Äste, Stöcke und Blätter würden daher herausgefischt.
Als Grundbestandteil für den Whisky werden eben dieses Quellwasser und gemahlenes Malzschrot in einem Bottich vermischt und erhitzt. Dabei lösen sich die Zuckerbestandteile aus dem Malzschrot heraus. Die so entstandene Maischwürze wird zusammen mit Hefe in einem speziellen Holzbehälter gefüllt, wo der Zucker zu Alkohol vergoren wird. Nach ungefähr zwei Tagen ist die Gärung abgeschlossen, die gegorene flüssige Maische, der sogenannte Wash, enthält nun etwa sieben bis acht Prozent Alkohol.
„Anschließend beginnt die eigentliche Destillation. Dabei wird das alkoholhaltige Gemisch in einem Kupferkessel so lange erhitzt, bis der Alkohol verdampft“, gibt Clair einen Einblick in den Herstellungsprozess. Der Dampf wird, so Clair weiter, in eine Kühlanlage weitergeleitet, wo er kondensiert.
Nach einer zweiten Destillation steigt schließlich der Alkoholgehalt

auf etwa 63 Prozent. Nun wird die Flüssigkeit in Holzfässer gefüllt und für mindestens acht Jahre eingelagert, bevor der Whisky für den Verkauf in Flaschen abgefüllt wird.

„Seine charakteristische Farbe und sein Aroma bekommt der Malt Whisky nicht zuletzt während der Lagerung in den alten Bourbon- oder Sherry-Fässern", weiß die Expertin zu berichten. Je länger der edle Tropfen lagert, umso dunkler wird der Whisky und in der Regel auch etwas milder.

Nachweislich reichen die Spuren der Whisky-Herstellung in Schottland bis in das Jahr 1494 zurück. Damals durfte ein jeder Schotte das „Wasser des Lebens", wie Whisky in Anlehnung an die gälische Bezeichnung „uisce beatha" genannt wird, selber produzieren. Doch als die Gerste im ausgehenden 16. Jahrhundert knapp wurde, trat 1579 ein Gesetz in Kraft, welches das Brennen von Whisky ausschließlich dem Adel und einer Gruppe privilegierter Landbesitzer erlaubte.

„Spätestens als 1644 unter Oliver Cromwell eine Alkoholsteuer erhoben wurde, schossen die Schwarzbrennereien wie Pilze aus dem Boden", wagt Clair einen kurzen Streifzug durch die Geschichte des Scotchs.

Nicht weniger als 14.000 illegale Destillen sollen zu Beginn des 19. Jahrhunderts in Schottland existiert haben. Vergeblich bemühte sich die Regierung, dem Wildwuchs Einhalt zu gewähren, ehe sie 1823 im Kampf gegen die sprichwörtlichen Windmühlen mit der Einführung eines neuen Gesetzes resignierte. Das Herstellungsverbot wurde aufgehoben, stattdessen wurde gegen eine Zulassungsgebühr von zehn Pfund pro Jahr sowie einer geringen Abgabe für jede Gallone Whisky offizielle Lizenzen vergeben. Mit Erfolg - denn binnen kürzester Zeit verschwanden nahezu sämtliche Schwarzbrennereien, während im gleichen Atemzug viele der heutigen Produzenten ihre Geburtsstunde erlebten. So eben auch 1845 Royal Lochnaggar.

„Schottischer Whisky ist wirklich einmalig", verweist Clair auf die Tatsache, dass der edle Tropfen mindestens drei Jahre in Schottland gereift sein und einen Alkoholgehalt von mindestens 40 Prozent aufweisen muss, um als Scotch Whisky bezeichnet werden zu dürfen. Dabei werden im Wesentlichen drei Sorten unterscheiden: der aus reinem Gerstenmalz hergestellte Malt Whisky, der aus verschiedenen Getreidearten produzierte Grain Whisky sowie Blended Whisky, ein Verschnitt aus verschiedenen Sorten.

„Besonders hoch im Kurs stehen die sogenannten Single Malts. Dahinter verbirgt sich das Produkt einer einzigen Destillerie, das durchaus ein Gemisch aus verschiedenen Jahrgängen sein kann und in der Regel wenigstens acht Jahre alt ist", unterstreicht Clair, dass stets das Alter des jüngsten Jahrganges das Etikett einer Flasche ziert.

Wichtig ist es Clair auch, noch einmal den Unterschied zwischen schottischem Single Malt Whisky und irischen Whiskey herauszuarbeiten. Abgesehen von dem zusätzlichen „e" in der Schreibweise unterscheidet sich der irische Whiskey nämlich durch zwei Wesensmerkmale vom Scotch: Zum einen wird die gemalzene Gerste in Schottland über einem Torffeuer getrocknet, was einen rauchigen Geschmack zur Folge hat, während in Irland ein geschlossener Ofen ohne Rauchzusatz verwendet wird. Zum anderen wird Scotch nur zweimal destilliert, während irische Whiskeys zumeist dreifach gebrannt werden.

Wie in allen Destillerien in Schottland ist den Besuchern in Lochnagar auch nur ein kurzer Blick in die Lagerhäuser gestattet. Wer dabei zu tief einatmet, kann schnell besoffen sein, heißt es. Denn durch das Holz der Fässer verdunstet ein kleiner Teil des Alkoholgehaltes, der liebevoll „Angels share", der „Anteil der Engel", genannt wird.

„Whisky ist komplett eine Sache des individuellen Geschmacks",

unterstreicht Clair beim obligatorischen „Tasting“, wie die Kostprobe zum Abschluss der kleinen Brennereitour genannt wird. „Der eine mag es eher lieblich, der andere eher kräftig – und für jeden gibt es garantiert irgendwo in Schottland den richtigen Whisky“, rührt Clair auch noch ein wenig die Werbetrommel für die Konkurrenz im eigenen Land.
Denn sie weiß, Whisky ist nicht nur der berühmteste Exportschlager ihrer Heimat, sondern auch ein Besuchermagnet, was ihr tagtäglich in Royal Lochnagar eindrucksvoll demonstriert wird. Kombinieren doch nicht wenige den Besuch von Balmoral Castle mit einem lohnenswerten Abstecher in die kleine Brennerei mit der königlichen Note.

➔ www.malts.com

* * * * *

Stonehaven – Hauptstadt der Frittierkönige

Obwohl Stonehaven noch nicht einmal 12.000 Einwohner zählt, verfügt das Hafenstädtchen an der schottischen Ostküste gleich über zwei Pilgerstätten. Da ist zum einen etwas außerhalb die Burgruine von Dunnattor Castle. Die Festung, deren Geschichte bis in das 9. Jahrhundert zurückgeht, liegt spektakulär über dem Meer auf einem 50 Meter hohen Felsplateau.

Nicht weniger Anziehungskraft besitzt am nördlichen Ende der Strandpromenade der Bay Fish & Chip Shop. Nicht selten bilden sich vor dem im wahrsten Sinne des Wortes (mehrfach) ausgezeichneten Winzgeschäft mit der ganz in Hellblau gehaltenen Holzfassade ellenlange Schlangen. Aus aller Herren Länder kommen Genussfreudige hierher, um die vermeintlich besten Fish & Chips des Landes zu kosten. Kein Wunder, das jährlich mehr als 200.000 Portionen für je 7,30 Britische Pfund (ca. 8.30 Euro) über die Ladentheke wandern.

„Alle denken, Fish & Chips seien fettig, öltriefend und ungesund – ich wollte beweisen, dass es auch anders geht", erläutert Inhaber Calum Richardson. Aus den bescheidenen Anfängen im Jahre 2006 hat der 44-jährige seinen Schnellimbiss längst zu einem florierendem Unternehmen mit mittlerweile 20 Angestellten ausgebaut. Und spätestens seit der Bay Fish & Chip Shop im Jahre 2013 zum Besten seiner Zunft in ganz Großbritannien gekürt wurde, rennen die Kunden dem vierfachen Familienvater förmlich die Bude ein.

Das Geheimnis des großen Erfolges des kleinen Schotten liegt im Wesentlichen in den frischen Zutaten und der Panade. Verwendet wird ausschließlich fangfrischer Fisch, der vor Küste Schottlands ins Netz gegangen ist. Ewig junger Klassiker ist dabei Schellfisch. Diese wird in einem von Calum Richardson entwickelten Mehl-und

Butter-Mantel frittiert und zusammen mit Chips (Pommes Frites) aus frischen Kartoffeln sowie Mushy Peas (grünen, gestampften Erbsen) serviert.

„Wir verwenden weder Additive, noch Konservierungsstoffe und ganz, ganz wenig Salz", verrät Calum Richardson mit Blick auf die ansonsten geheime Rezeptur. Zudem beteuert der 44-jährige, der neun Jahre lang als Ingenieur bei der Marine arbeitete und selber lieber Steaks als Fisch isst, großen Wert auf Nachhaltigkeit zu legen. Dies zeigt sich auch in der Tatsache, dass das ausgegebene Einwegbesteck aus rein pflanzlichen Komponenten besteht und die Verpackung für die Fish & Chips komplett kompostierbar ist.

Dazu passt auch, dass sich Calum Richardson für die Kampagne „fish for environment" stark macht. Dabei geht es darum, dass die Fischer, das, was sie an Müll aus dem Meer fischen, nicht zurück ins Wasser werfen, sondern den Müll mit an Land bringen und dort ordnungsgemäß entsorgen.

„Das ist ein absolutes Muss, wenn wir auch morgen noch genießbaren Fisch fangen wollen", ist Calum Richardson davon überzeugt, dass ein jeder seinen Teil dazu beitragen muss, um die Weltmeere sauber zu halten.

„Es geht auch darum, zu verhindern, dass giftige Stoffe ins Wasser gelangen und von den Fischen aufgenommen werden", so der Geschäftsmann aus Stonehaven weiter, wohl wissend, dass diese Giftstoffe dann über die Nahrungskette wieder beim Menschen landen würde.

„Meine Beitrag ist nur winzig klein, aber wenn jeder sich so verhält, ist allen geholfen", unterstreicht Calum Richardson, dessen Panade längst auch im fernen Japan zu einem Verkaufsschlager geworden ist. Sogar die britische Armee und große Teile der schottischen Verwaltung gehören zu seinen Stammkunden.

So sehr seine Fish & Chips auch reißenden Absatz finden, muss sich Calum Richardson die Aufmerksamkeit noch mit einem anderen Schnellimbiss in Stonehaven teilen. Die Carron Fish Bar, die bis 2012 den Namen „Haven Fish Bar" trug, gibt vor, der Erfinder der frittierten Mars-Riegel zu sein. Einer süßen Kalorienbombe in einer Knusperpanade, die auf jeden Fall eine Sünde wert ist. Vielleicht als Nachtisch, nachdem zuvor die preisgekrönten Fish & Chips von Calum Richardson genossen wurden…

➜ www.thebayfishandchips.co.uk

* * * * *

Aberdeen – silbergraue Granitstadt mit schwarzem Gold

Das Geschrei der Möwen macht einem unweigerlich bewusst, wie nahe das Meer ist. Auch wenn beim Gang durch die historische Altstadt nichts von maritimem Flair zu spüren ist. Knapp drei Kilometer Luftlinie trennen Old Aberdeen vom gut fünf Kilometer langen Sandstrand und der Nordsee. Hier legt Schottlands drittgrößte Stadt gleichzeitig ein altes und junges Gesicht in Form von historischen Gebäuden und Tausenden von Studenten an den Tag. Das Gros der Prachtbauten in dem von Kopfsteinpflaster durchzogenen Viertel am Ufer des Don stammt aus dem 17. Jahrhundert. Herzstück des denkmalgeschützten Viertels bildet der alt-ehrwürdige Gebäudekomplex der 1495 gegründeten Universität rund um das renommierte King's College. Nur einen Steinwurf entfernt erhebt sich die St. Machar's Cathedral, die gemeinhin als Wiege der Stadt gilt.

„Das genaue Gründungsdatum von Aberdeen ist nicht bekannt. Aber es ist überliefert, dass der heilige Machar hier im Jahre 580 nach Christus eine Kapelle errichtet haben soll, was als Geburtsstunde der Stadt gilt", weiß George Stewart zu berichten. Sogleich ergänzt der eher klein gewachsene Tourguide im klassischen Schottenrock, dass das heutige Gotteshaus erst ab dem 12. Jahrhundert errichtet wurde – eben an jener Stelle, wo dereinst das keltische Kirchlein stand. Der Ort sei dabei, so George weiter, nicht zufällig gewählt, sondern liege unweit einer Flussbiegung, deren Form an den Griff eines Bischofsstabs erinnere. Tatsächlich ist es nur ein kurzer Weg durch den angrenzenden Seaton Park ans Ufer des River Don, wo sich mit der zwölf Meter langen Brig o'Balgownie ein Kleinod aus Sandstein und Granit befindet. Die prächtige mittelalterliche Brücke wurde im Jahre 1320 auf Befehl des damaligen Königs und

Unabhängigkeitskämpfers Robert the Bruce errichtet und sollte bis weit ins 19. Jahrhundert der einzige nördliche Zugang zur Stadt bleiben.
Tatsächlich ist Old Aberdeen nicht, wie der Name etwa vermuten lässt, das älteste Viertel der Stadt. Weitaus älter ist Castlegate im Herzen der knapp zwei Kilometer entfernten Innenstadt. Von der ehemaligen Festung, die bei der Namensgebung Pate stand, ist nichts mehr zu sehen. Einen markanten Blickfang bildet hier heute das Mercat Cross, ein Marktkreuz aus dem 17. Jahrhundert, auf dem die Konterfeis schottischer Könige verewigt sind.
Aberdeen nennt sich selbst gerne „Granite-City". Und in der Tat ist das Gros der Häuser in der Innenstadt, wie ein Blick entlang der Haupteinkaufsmeile, der Union Street, und ihrer Nebenstraßen zeigt, aus Granitstein errichtet worden.
„Ganz ehrlich, bei Regen wirkt das viele Grau schon ein wenig deprimierend, wenn aber die Sonne scheint, funkeln die Häuser in einem edlen Silberton", gerät George fast schon ins Schwärmen.
Das mächtigste Granitgebäude in Aberdeen ist das Marischal College in der Broad Street. Der ab 1837 nach Plänen von Archibald Simpson errichtete vierflügelige Prachtbau, der nach dem Escorial unweit der spanischen Hauptstadt Madrid als das zweitgrößte Granitgebäude der Welt gilt, beheimatet heute Teile der Universität. Auf dem Areal ist zudem das Marischal Museum mit seinen anthropologischen Sammlungen aus Ägypten, Nigeria, Papua-Neuguinea, Hawaii und Tibet angesiedelt.
Nur wenige Gehminuten vom Marischal College entfernt findet sich mit dem Cat in the Window Café ein Kuriosum. Acht Katzen schleichen und schnurren durch das ungewöhnliche Café, das Gebäck, kleine Speisen und Getränke anbietet. Aufgrund der maximal zulässigen Zahl von 20 Gästen ist eine vorherige Tischreservierung dringend empfohlen.
„Aberdeen ist die Großbritanniens Öl-Hauptstadt", verkündet

George auf dem Weg zum fünf Kilometer langen Nordseestrand. Dutzende Öltanker liegen hier gut sichtbar vor der Küste vor Anker. Doch längst ist es nicht mehr nur allein das Off-Shore geförderte Schwarze Gold, das der 230.000-Seelen-Gemeinde jede Menge Arbeitsplätze und Wohlstand garantiert. Auch die Erdgasvorkommen in der Nordsee machen Aberdeen zu einem der bedeutendsten Wirtschaftsstandorte in Schottland und ganz Großbritannien.

Anschaulich aufgearbeitet wird die Geschichte des Hafens, der Seefahrt, der Fischerei und der Ölindustrie übrigens im Maritime Museum. Glanzstück der Ausstellung ist die maßstabsgetreue, fast fünf Meter hohe Nachbildung einer Ölbohrplattform.

„Mit etwas Glück lassen sich im Hafenbecken oder vom Strand nicht nur Tanker, sondern auch paar Delfine und Seehunde beobachten", macht George deutlich, dass Aberdeen trotz des traumhaften Sandstrandes, der nach Norden hin immer breiter wird, beileibe kein Badeparadies sei.

„Mehr als die Füße einzutauchen, ist angesichts der ganzjährig eher bescheidenen Wassertemperaturen nur etwas für wirklich Hartgesottene", fröstelt es nicht nur George schon beim bloßen Gedanken an ein Bad in der Nordsee.

Ganz warm ums Herz wird einem dafür beim Gang durch Footdee. Das schnuckelige Fischerdorf zwischen Strand und Hafen, im Volksmund schlicht „Fittie" genannt, besteht aus charmanten kleinen Cottages und könnte mühelos als Kulisse für eine Historienfilm herhalten. Die einstigen Behausungen der Seeleute aus dem 19. Jahrhundert sind zumeist winzig, bestechen aber durch große Individualität. Wohl auch, weil die kleine Häuschen in „Fittie" heute zu den begehrtesten Wohnlagen in Aberdeen gehören. Denn irgendwie symbolisieren die bunten Cottages den Wandel der Stadt von einer (granit-) grauen Maus zu einem aufstrebenden Stück Schottland mit langer Geschichte.

Gretna Green - Pilgerstädte der Liebenden

Für ganze Generationen galt der Name als Synonym für Hoffnung, Freiheit und Unabhängigkeit, wurde im wahrsten Sinne des Wortes automatisch mit dem Tor zur trauten Zweisamkeit gleichgesetzt. Die Rede ist von Gretna Green, jenem beschaulichen kleinen Dorf im Südwesten Schottlands unweit der Grenze zu England, das zwischen 1754 und 1940 zur Pilgerstätte für junge Liebespärchen und Ausreißer wurde. Denn in der dortigen Dorfschmiede konnten sich aufgrund einer Lücke in der schottischen Rechtsprechung Minderjährige ohne das Wissen beziehungsweise die Zustimmung der Eltern das Jawort geben.

Dass Gretna Green überhaupt Kultstatus erlangte, verdankte das eher beschauliche Dörfchen seiner geographischen Lage an der Hauptverbindungsstrecke zwischen London und Schottland sowie der Tatsache, dass 1754 im benachbarten England ein neues Hochzeitsgesetz erlassen wurde. Mit in Kraft treten des „Lord Hardwicke's Marriage Act" wurde jungen Engländern untersagt, zu heiraten, sofern nicht einer der potentiellen Ehepartner mindestens das 21. Lebensjahr vollendet hatte.

Anders war die Situation in Schottland. Bei den so genannten „Gretna marriages" genügte eine einfache Absichtserklärung in Gegenwart zweier Zeugen, um in den Hafen der Ehe einzulaufen - vorausgesetzt beide Partner waren mindestens 16 Jahre alt. Als Standesbeamter fungierte der hiesige Dorfschmied, der zugleich als Friedensrichter eingesetzt war. Und die Ehen, die er schmiedete, sollen - so die Legende - genauso solide gewesen sein, wie der Amboß, auf den er schlug, um den Lebensbund zu besiegeln. Tatsächlich wurden die Ehen aber nicht nur in der alten Dorfschmiede geschlossen, sondern auch in den zahlreichen Hotels und Inns, die in Gretna Green zu finden waren. Denn das

Dorf befand sich an der Kreuzung von fünf wichtigen Kutschenstraßen, besser bekannt als „Headless Cross".
Nicht nur den benachbarten Engländern, auch der Kirche waren die Trauungen ein Dorn im Auge. Sie setzen alle Hebel in Bewegung, um dem Hochzeitsboom – und damit auch der lukrativen Einnahmequelle Gretna Greens – ein Ende zu setzen. 1856 schließlich wurde mit Lord Brougham's Marriage Act eine neue Verordnung verabschiedet, die Hochzeiten nur dann gestattet, wenn wenigstens einer der künftigen Ehepaare für 21 Tage vor der Hochzeit seinen Wohnsitz in Schottland hatte. Kurzum machten nicht viele aus der Not eine Tugend und zogen die Flitterwochen einfach vor.
Im Jahre 1940 untersagte dann ein neues Gesetz dem Dorfschmied jegliche standesamtliche Tätigkeit, nahm ihm so ein überaus lukratives Zubrot und vielen frisch verliebten Teenagern die Hoffnung auf eine gemeinsame Zukunft gegen den Willen der Eltern. Doch wieder einmal fanden die Heiratswilligen einen Ausweg.
Die Hochzeiten wurden schlichtweg in das hiesige Standesamt verlegt und mit einer anschließenden Zeremonie in der alten Dorfschmiede abgerundet – mit Erfolg. Denn der Boom blieb ungebrochen. Allein Richard Rennison, der als letzter „Anvil Priest", Amboss-Priester, 1962 sein Amt niederlegte, traute in den nun folgenden Jahren 5.147 Paare.
1979 schließlich wurden in Schottland die bisherigen Heiratsbestimmungen aufgehoben und ein neues Gesetz verabschiedet. Dieses sieht vor, dass jeder an jedem Ort seiner Wahl in den Hafen der Ehe einlaufen kann, solange er einen Standesbeamten findet, der die Trauung durchführt.
Und so werden in der Dorfschmiede, die heute wie damals den Mittelpunkt des dörflichen Lebens darstellt, wieder Trauungen vollzogen. Obwohl „Runaway marriages" von Teenagern

mittlerweile ehe eine Seltenheit sind, vermitteln Hochzeiten in Gretna Green noch immer einen Hauch von Abenteuer und Exklusivität. Nicht von ungefähr werden hier jährlich sage und schreibe 4.000 Paare getraut. Dies entspricht rund 13 Prozent aller Hochzeiten in Schottland. Sogar der frühere deutsche Außenminister und Vizekanzler Joschka Fischer gab seiner ersten Frau hier im April 1967 das Jawort.
Fest steht: Mehr als zweieinhalb Jahrhunderte hat Gretna Green nichts an Attraktivität eingebüßt und etwas von dem Zauber, der das Dörfchen umgibt, bewahrt. Nahezu jeder Schottlandreisende lässt sich - vielleicht sogar auf den Spuren seiner Vätern und Ahnen - von der Atmosphäre bezaubern und nimmt die Klänge der alten Dorfschmiede, die soviel erlebt hat und erzählen kann, in sich auf. Denn noch immer werden beim Betreten des legendären Gemäuers und des angrenzenden Museums automatisch Erinnerungen und Phantasien wach. Da werden die Geschichten von Verzweifelten, von Liebenden, von Eifersüchtigen, aber auch von wütenden Vätern, die sogar notfalls mit Gewalt die Hochzeit verhindern wollten, wieder lebendig. Kaum verwunderlich daher, dass die Original-Heiratsurkunden im benachbarten Andenkenshop zu den Verkaufsschlagern zählen.

➲ www.gretnagreen.com

*****

Firhall - das kinderlose Dorf

Kinder sind bekanntlich die Zukunft – eine Volksweisheit, die nicht überall geteilt wird. Denn das im Jahre 2003 gegründete schottische Dorf Firhall unweit von Nairn am Moray Firth darf sich rühmen, der erste kinderfreie Ort der britischen Inseln zu sein. Ein Phänomen, für das sich die Bewohner bewusst ausgesprochen haben. Kindergebrüll, Gerenne oder umher fliegende Fußbälle sind hier gänzlich unbekannt. Wer nach Firhall ziehe möchte, muss, so ein Beschluss der Dorfgemeinschaft, mindestens 45 Jahre alt sein, keine Kinder haben beziehungsweise diese nicht mehr großziehen und sich dazu verpflichten, sein Haus und Grund nicht an Familien mit Kindern zu verkaufen. Gleichwohl sind Enkel und andere junge Gäste als Besucher in Firhall willkommen – allerdings für maximal drei Wochen.

„There comes a time when you want to live without children“ – „Es kommt eine Zeit, wenn man ohne Kinder leben möchte“, lautet daher auch das Credo der Bewohner von Firhall. Auch sonst müssen sich die Bewohner des Dorfes nach eigenen Beschlüssen stark einschränken.

Das selbst aufgelegte Regelwerk umfasst unter anderem ein Verbot von mehr als einer Katze oder einem Hund pro Haushalt, das Verbot, ein Unternehmen von hier aus zu führen, Wäsche zum Trocknen nach draußen zu hängen oder einen Automotor nach 21 Uhr beziehungsweise vor 7 Uhr morgens zu starten. Na ja, wer es mag...

* * * * *

Der Klettenmann von Queensferry

Bekannt ist das schottische South Queensferry unweit der Hauptstadt Edinburgh hauptsächlich für zwei Dinge: Die Forth Bridge, jene spektakuläre Eisenbahnbrücke über den Firth of Forth und die Traditionsveranstaltung Ferry Fair (➲ www.ferryfair.co.uk).
Seit dem 12. Jahrhundert steigt dieses Volksfest alljährlich am ersten Freitag im August. Zu den Höhepunkten der Veranstaltung zählt neben einer Parade die Krönung der Ferry Fair Queen und der Auftritt des Burry Man, des Klettenmannes.
Bei Letzterem handelt es sich um einen Mann, der von Kopf bis Fuß flächendeckend mit Kletten bestückt wird. Lediglich, die Augen, der Mund, die Nasenlöcher, die Hände und Füße werden dabei ausgespart. Auf dem Kopf trägt er ein Blumengeflecht. Aufgrund der hohen Dichte der Kletten kann er sich nur unter größten Anstrengungen vorwärts bewegen.
Er kann weder Arme noch Beine beugen, geschweige denn sich für eine Verschnaufpause mal hinsetzen. Stattdessen wird er beim Zug durch die Gemeinde von zwei Helfern begleitet, die ihm ab und an eine Pause gönnen, indem sie den Burry Man an eine Hauswand oder Mauer anlehnen.
Um den bemitleidenswerten Klettenmann bei Laune zu halten, wird ihm immer wieder mit Hilfe eines Strohhalms ein Schluck schottischer Whisky eingeflösst. Auf seiner Tour, die sämtliche Kneipen von South Queensferry umschließt, sammelt er Geld für wohltätige Zwecke.
Die Ursprünge der Tradition liegen völlig im Dunkeln. Einige vermuten, dass der Burry Man ein Symbol der Wiedergeburt oder der Fruchtbarkeit sei. Auf jeden Fall aber ist er ein echter Hingucker.

*****

Ein Scheibchen Ruhm

Das dünn besiedelte Schottland hat nicht nur viel Gegend, sondern auch viele Städtchen und Dörfer, die außer der umgebenden Natur kein Pfund haben, mit dem sie wuchern können. Und so suchen diese kleinen Nester gerne wahlweise nach Aktivitäten oder Kuriosem, um einen Platz auf der touristische Landkarte zu finden. Zu diesen Fleckchen Erde gehört auch das kleine Galashiels (➲ www.galashiels.bordernet.co.uk).

Die 14.000-Seelen-Gemeinde in der Region Scottish Borders ist eigentlich nur für seine (schwächelnde) Textilherstellung bekannt und verfügte bis Frühjahr 2012 über keine nennenswerte Sehenswürdigkeit. Dann aber wurde auf Beschluss des Stadtrates der Marktplatz in einer Art *„walk of fame"* für den Song verwandelt, mit dem Galashiels vor gut drei Jahrzehnten ein musikalisches Denkmal gesetzt wurde.

1985 gelang der Rockgruppe Marillion um den damaligen Sänger und Songwriter Fish (➲ http://fishmusic.scot) mit „Kayleigh" ein internationaler Hit, dessen Textzeilen nun das Pflaster von Galashiels zieren. Fish, der 1958 in Dalkeith bei Edinburgh das Licht der Welt erblickte und mit bürgerlichem Namen Derek William Dick heißt, begann auf Drängen seiner damaligen Freundin in Galashiels seine musikalische Laufbahn und hatte hier seinen ersten Liveauftritt.

In „Kayleigh" verarbeitete Fish nach eigenem Bekunden einige Erlebnisse mit Verflossenen in Galashiels. Für die ehemaligen Geliebten dürfte es jetzt noch schlimmer sein, nicht nur dass sie ständig musikalisch an die einstige Liebschaft erinnert werden, nun trampeln die Menschen in Galashiels auch noch im wahrsten Sinne des Wortes auf ihnen herum.

* * * * *

Castle Trail - Faszination zwischen Märchenschloss und Burgruine

Irgendwie ist in Schottland vieles anders. Die Autos fahren auf der falschen Straßenseite, Männer tragen bei der einen oder anderen Gelegenheit Röcke und Mars-Riegel werden zum Nachtisch frittiert. Da passt es ins Bild, das Gäste nur rein dürfen, wenn niemand zuhause ist. Die Rede ist nicht von ungebetenen Besuchern, sondern von allen, die einmal einen Blick darauf werfen wollen, wie die gekrönten und gefönten Häupter dieser Welt residieren.
Das weitläufige Areal von Balmoral Castle etwa, der Sommersitz der Queen, ist nur zugänglich, wenn Königin Elizabeth II. samt Gefolge dort nicht verweilt. In der Regel verbringt die britische Königin den August und Teile des Septembers in ihrem schottischen Schloss.
„Prinz Albert hat das Anwesen 1852 für Queen Victoria erworben. Seither dient es der Königsfamilie als Sommerresidenz", weiß George Stewart, der als waschechter Schotte einen Kilt trägt. Gleichzeitig bremst der sympathische Guide aus Glasgow die Erwartungshaltung: „Auch wenn die Queen nicht in Balmoral verweilt, ist neben dem Museum in den ehemaligen Stallungen lediglich noch der Ballsaal des Schlosses für die Öffentlichkeit zugänglich."
Dafür lässt sich die herrliche Parklandschaft in Royal Deeside erkunden - inklusive der königlichen Gärten. Und diese weisen eine Besonderheit auf: Denn die Gärtner haben (fast) alle Pflanzen so gezüchtet, das sie blühen oder deren Früchte geerntet werden können, wenn die Queen im Sommer in Balmoral turnusmäßig verweilt.
In anderen herrschaftlichen Anwesen ist der Zugang nicht so strikt geregelt. Insgesamt gibt es allein in der Grafschaft Aberdeenshire gut 300 Burgen, Schlösser und Herrensitze, von denen einige

zugegebenermaßen nur noch ein Dasein als Ruinen fristen. Doch auch dies ist nicht ohne Reiz. Entlang des so genannten Castle Trails, der auf einer Strecke von 400 Kilometer insgesamt 19 Burgen und Schlösser im grünen Nordosten Schottlands miteinander verbindet, finden sich so spektakuläre Orte wie Dunnottar Castle. Die Ruine erhebt sich spektakulär auf einem 50 Meter hohen Felsen am Rande der Nordsee.
„Hier wurden während der Englischen Bürgerkriege Mitte des 17. Jahrhunderts die schottischen Kronjuwelen vor den Truppen von Oliver Cromwell versteckt", verweist George mit erkennbarem Stolz auf die Wehrhaftigkeit seiner Urahnen darauf, dass das Gros der ehemaligen Gebäude zwischen dem 14. und 16. Jahrhundert errichtet wurde. Filmisch in Szene gesetzt wurde die Burgruine übrigens 1991 für Franco Zeffirellis Leinwandepos „Hamlet" mit Mel Gibson in der Hauptrolle.
Ungleich kleiner, dafür komplett erhalten ist Craigievar Castle. Das ganz in Rosa getünchte Anwesen aus dem 17. Jahrhundert könnte problemlos als Kulisse für einen Märchenfilm herhalten. Die Turmburg wurde L-förmige auf drei Etagen angelegt. Lediglich der Hauptturm besitzt eine vierte Etage. Noch heute sind neben einer Reihe von Porträts so bekannter Maler wie Sir Henry Raeburn oder George Jamesone die Originalmöbel so wie die reichlich verzierten Decken zu sehen.
Auch Fyvie Castle in der Nähe von Turriff darf fraglos als Bilderbuchschloss tituliert werden. Das ehemalige Jagdschloss der schottischen Könige, dessen Geschichte bis in das 13. Jahrhundert zurückreicht, ist voll gestopft mit Möbeln, Porzellan, Wandteppichen, historischen Waffen und Rüstungen. Zudem beheimatet Fyvie in seinen insgesamt 110 Räumen eine beeindruckende Portraitsammlung mit Werken von Batoni, Omney, Gainsborough, Opie, Lawrence und Hoppner sowie die weltweit größte Sammlung von Schottands berühmtesten Portraitmaler Sir

Henry Raeburn (1756-1823).
„Seit 600 Jahren ist Fyvie übrigens mit einem Fluch belegt", versichert George. Schuld sei ein gewisser Thomas tue Rhymer, der damals als Wahrsager durchs Land zog und dem in einer stürmischen Nacht der Einlass in das Schloss verwehrt wurde. In seiner Wut soll er einen Fluch ausgesprochen haben. Als Folge dessen soll seit 1432 kein männlicher Erbe, der im Schloss geboren wurde, seinen Vater überlebt haben. Erst wenn drei ominöse Steine gefunden seien, die im Schloss verbaut sind, würde der Legende nach der Fluch enden.
„Bis heute wurde nur einer der verfluchten Steine im „Damenzimmer" des Schlosses gefunden", ergänzt George. Der verfluchte Stein wird in einer Holzschale unter einer Glasummantelung aufbewahrt und ausgestellt. Mal soll er staubtrocken sein, dann wiederum so viel Wasser „ausschwitzen", dass er damit die Schale füllt. Um den Fluch zu umgehen, erblicken die Erben übrigens seit geraumer Zeit außerhalb der Schlossmauern das Licht der Welt.
„Fyvie ist aber nicht nur mit einem Fluch belegt, sondern auch noch als Spukschloss bekannt", räumt George Stewart mit dem Brustton der Überzeugung ein, dass hier die sogenannte „Green Lady" (Grüne Dame) seit dem 17. Jahrhundert ihr Unwesen treiben würde. Bei dem Geist handelt es sich um Lilias Drummond, die Gattin des einstigen Schlossherrn Alexander Seton, dem sie fünf Töchter gebar. Da Seton unbedingt einen Sohn wollte, sperrte er Lilas in einer Zimmer des Schlosses ein und suchte sich eine jüngere Geliebte.
Lilias soll 1601 an gebrochenem Herzen gestorben sein und spukt seither aus Rache durch das Castle. Als Beweis für die Existenz des in Grün gehüllten Geistes gelten ein Blutfleck und eine Inschrift mit dem Namen von Lilias Drummond, der wie von Geisterhand von Außen auf den Fenstersims von Setons Schlafzimmer geritzt wurde

und noch immer deutlich zu sehen ist. Was nur eine der vielen, vielen spannenden Anekdoten und Geschichten ist, die einen bei einer Zeitreise entlang des Castle Trails unweigerlich in ihren Bann ziehen. Sind die Burgen und Schlösser doch mehr als nur prachtvolle Gemäuer.

➔ www.visitscotland.com/castletrail

Weltmeisterliche Dudelsackklänge

So viele Pfeifen auf einen Haufen dürfte der geneigte Musikfan nirgendwo sonst auf der Welt zu Gesicht, vor allem aber zu Gehör bekommen. Die Rede ist von Dudelsackpfeifen. Diese erklingen seit 1948 gleich tausendfach bei den *World Pipe Band Championships* in Glasgow, die traditionell in Glasgow steigen. Rund 8.000 Dudelsackpfeifer aus allen Teilen der Welt – von Neuseeland über Pakistan bis hin zu den USA – riskieren im wahrsten Sinne des Wortes dicke Backen, geben sich jährlich im August auf dem Glasgow Green in der schottischen Millionenstadt ein Stelldichein und präsentieren die ganze Bandbreite der Dudelsackmusik – das Gros natürlich stilecht im Kilt und schwarzer Jacke. Dabei müssen die Bands in zwei verschiedenen Kategorien antreten. Einmal gilt es beim March, Strathspey & Reel Wettbewerb drei vorher von der veranstaltenden Royal Scottish Pipe Band Association (RSPBA) festgelegte Stücke zu präsentieren, dann ein Medley aus selbst einstudierten Melodien.

➔ www.rspba.org und www.theworlds.co.uk

Up Helly Aa – der Feuertanz der närrischen Nordmänner

Eigentlich geht es auf den von teilweise kräftigen Winden umtosten Shetland-Inseln weit draußen im nördlichen Atlantik eher gemütlich zu. Doch einmal im Jahr legen die Insulaner ihre vornehme Zurückhaltung ab, schlüpfen in Wikinger-Kostüme und feiern ein archaisches Fest im Stile der skandinavischen Vorfahren, das darin gipfelt, dass der Nachbau eines Langschiffes spektakulär in Flammen aufgeht.

Immer am letzten Dienstag im Januar laden die Nordmänner unter den Briten in der Kleinstadt Lerwick zum „Up helly Aa“ ein. Ähnlich dem Karneval gehören Verkleidungen, Musik, das eine oder andere Gläschen Bier und das Feiern bis in die Puppen dazu. Daher ist es kaum verwunderlich das an diesem Dienstag das gesamte öffentliche Leben auf den Shetland-Inseln völlig zum Erliegen kommt. Vorsorglich ist zudem der darauf folgende Mittwoch offiziell zu einem arbeitsfreien Tag für die Insulaner auserkoren worden.

Im Mittelpunkt der faszinierenden Feierlichkeiten stehen die Bräuche der alten Wikinger, die diese unwirtliche und felsige Inselwelt im Atlantik im 10. Jahrhundert vom heutigen Norwegen aus besiedelten. Fast genau 500 Jahre herrschten die wilden Nordmänner über die Shetlands, ehe die Inselgruppe im Jahre 1468 Teil von Schottland und später auch des Vereinigten Königreichs wurde.

Und obschon die Nachfahren der Wikinger seit dem 15. Jahrhundert hier nicht mehr anzutreffen sind, prägen noch heute viele skandinavisch klingende Ortsnamen und Ausdrücke das Leben auf den Inseln.

Die Vorbereitungen auf das Up helly Aa beginnen jährlich spätestens im Oktober. Mindestens viermal pro Woche trifft sich dann eine Heerschar an Freiwilligen, um in stundenlanger, liebevoller Kleinarbeit das Wikingerschiff originalgetreu zu errichten. Außerdem müssen eigens für den großen Tag mehr als 1.000 Fackeln hergestellt werden.

Die Federführung der Vorbereitung obliegt im Wesentlichen dem „Guizer Jarl", einer Art ehrenamtlichem Wikingerhäuptling. Um diese begehrte Aufgabe zugesprochen zu bekommen, müssen die Anwärter sich über einen Zeitraum von mindestens 16 Jahren im Festkomitee des Up helly Aa mit Nachdruck nachweislich engagiert haben.

Am großen Tag selber macht sich der Guizer Jarl bereits nach dem Frühstück mit seinem Gefolge auf den Zug durch die Gemeinde. In einer Prozession, vergleichbar den Rosenmontagsumzügen, marschieren die mehr als tuasend wild anmutenden Feierabendwikinger mit ihren langen Bärten und Kettenhemden begleitet von Blas- und Dudelsackmusik durch die Straßen und Gassen von Lerwick. Dabei wirbeln sie mit Feuereifer Furcht erregend mit ihren nach gebauten Schwertern und Äxten umher und statten Schulen, Krankenhäusern und Altersheimen einen Besuch ab. Für jede Menge Lacher sorgt dabei der Guizer Jarl, dem es obliegt, die Masse mit Spottversen über die Politik und Verwaltung zu amüsieren.

Derweil wird auf dem Marktplatz von Lerwick offiziell das Up Helly Aa ausgerufen. Große Tafel mit Verhaltensmaßregeln und Gesetzmäßigkeiten weisen die Insulaner ungeachtet der ansteckenden Feierlaune ein wenig in ihre Schranken. So gehört beispielsweise zu den festen Grundregeln, dass Frauen sich nicht direkt an dem Feuerspektakel beteiligen dürfen. Was damit begründet wird, dass das zarte Geschlecht bei den Eroberungsfeldzügen der „echten" Wikinger auch nicht aktiv eingreifen durfte, sondern sich in Abwesenheit der harten Kerle daheim um Haus und Hof sowie die Kinder kümmern musste.

„Der Wettergott ist uns beim Up Helly Aa erfahrungsgemäß selten gut gesonnen. Aber das stört hier niemanden", gibt David Nicolson, dem im Jahre 2012 die Ehre zu Teil wird, als Guizer Jarl im Mittelpunkt der Prozession zu stehen, mit Blick auf die vermutlich wieder einmal fröstelnde Menge zu verstehen. Wohl wissend, dass alle dem großen Augenblick entgegenfiebern: Denn nach Einbruch der Dunkelheit zünden die Wikinger um 19.30 Uhr ihre Fackeln an, während im ganzen Ort die Straßenbeleuchtung abgeschaltet wird.
Nun nähert sich die Prozession mit dem kreuz und quer durch die Stadt getragenen Langschiff und dem Guizer Jarl an Bord einem ersten Höhepunkt der Feierlichkeiten. Der in monatelanger Arbeit fabrizierte Nachbau des Wikinger-Langschiffs wird in Brand gesteckt.
Ein Brauch, der an das so genannte Nordische Begräbnis angelehnt ist. Dabei wurden die Anführer nach ihrem Ableben zusammen mit ihrem Schiff eingeäschert. In Lerwick wird jedoch niemand verbrannt. Der „Guizer Jarl" darf vorher das Boot verlassen, während der Chor der Hobby-Wikinger das uralte Lied „The Norseman´s Home" intoniert. Sobald der letzte Ton verklungen ist, werden alle Fackeln auf das Schiff geworfen. In Sekundenschnelle steht der Nachbau unter dem Jubel der Zuschauer taghell in Flammen.
Im Anschluss an das „Begräbnis" strömen die Bewohner und Gäste in die Pubs und eigens errichteten Tanzzelte von Lerwick, um die Nacht zum Tag zu machen. Für Kurzweil sorgen dabei immer wieder die Hobby-Wikinger, die in kleinen Gruppen die Veranstaltungen stürmen und mit wilden Tanzeinlagen und Sketchen überraschen. Den krönenden Abschluss bildet schließlich ein nächtliches Feuerwerk über dem bald zu einem Häuflein Asche zusammengefallenen Schiffsrumpf.
Entstanden ist die Tradition des Up helly Aa vermutlich im 19. Jahrhundert. Erstmals urkundlich erwähnt wurde die Veranstaltung

im Jahre 1870. Einerseits wollten die Bewohner der Shetlands mit dem Festival an ihren skandinavischen Wurzeln erinnern, andererseits zeugt die Veranstaltung von dem Bedürfnis, in den mitunter langen, zähen Wintern auf der Insel der Trostlosigkeit der kalten Jahreszeit etwas entgegenzusetzen.
Zudem sollen nach alter Väter Sitte die nordischen Götter gnädig gestimmt werden. Verbunden mit der Hoffnung, dass im Jahre 2012 auf der windgepeitschten Inselwelt zur Abwechselung mal ein milder Sommer für eine gute Ernte sorgen möge.

➲ www.uphellyaa.org

* * * * *

Unst - die unumstrittene Nummer 1 im Bushaltestellen-Tourismus

Interessante Blüten bringt auch das Leben auf der Shetland-Insel Unst immer wieder hervor. Klar, schon der Status als nördlichste Insel im Reich der Briten, ist etwas Besonderes. Da findet sich mit der Haroldswick Methodist Church die nördlichste Kirche Großbritanniens, da liegt das nördlichste Pub Großbritanniens, da findet sich mit der Vallhalla Brewery die nördlichste Brauerei Großbritanniens.

Heimlicher Star der Insel – und einer der größten Besuchermagneten - ist jedoch eine Bushaltestelle an der A968 zwischen Haroldswick und Baltasound. Die natürlich auch der nördlichste Unterstand im Vereinigten Königreich ist und sich wohl als unumstrittene Nummer 1 im internationalen Bushaltestellentourismus fühlen darf.

Nicht nur, dass die Haltestelle den Beinamen *Bobby's Bus Shelter* trägt und jährlich neu dekoriert und komfortabel möbliert wird, nein, das Wartehäuschen ist wohl auch das einzige weltweit mit einer eigen Internetseite. Unter der Online-Adresse ➲ www.unstbusshelter.shetland.co.uk kann alles Wissenswerte und auch Kurioses über die ungewöhnliche Besucherattraktion abgerufen werden.

Namenspatron für die Bushaltestelle war im Jahre 1996 ein damals Siebenjähriger, der zu den gerade einmal drei Fahrgästen gehörte, die hier regelmäßig auf den Inselbus warteten. Als die Haltestelle bei einem Unwetter weitgehend zerstört und danach abgebaut wurde, schrieb der kleine Schüler Bobby Macauley einen Leserbrief an die Zeitung *The Shetland Times* und beschwerte sich bitterlich über den unhaltbaren Zustand an „seiner" Haltstelle.

Mit Erfolg. Denn schon wenig später wurde dort wieder ein Unterstand errichtet.

Zunächst wurde dieser mit einem Sofa und einem Tisch ausgestattet. Dann begannen die Anwohner im Laufe der Jahre die Haltestelle immer mehr auszuschmücken. Und so gehören heute ein Sessel, ein Tisch und ein Computer, aber auch Blumen und Bilder zur Standardausrüstung der Haltstelle, die jährlich nach einem anderen Motto geschmückt wird und so einen ungewöhnlichen Farbtupfer im bisweilen tristen Grau des Alltags auf Unst darstellt.

*****

Schrumpfschafe

Gerade einmal zehn Prozent der Hebriden, jenem aus gut 500 Inseln und Inselchen bestehenden Archipel vor der Nordwestküste Schottlands, sind bewohnt. Wohl auch, weil hier ein raues Klima herrscht, was nicht zwischenmenschlich gemeint ist. Permanent fegen feucht-kühle Westwinde mit 20 Stundenkilometern und mehr über die Insel, häufig begleitet von Regen satt. Ausgerechnet in diesem Mikroklima setzt nun ein Schrumpfungsprozess ein, den Experten auf die Auswirkungen der Erderwärmung in Kombination mit den klimatischen Bedingungen auf den Hebriden erklären.
Und die Auswirkungen sind deutlich sichtbar.
Denn die unzähligen Schafe der Insel werden einfach nicht mehr so groß wie in früheren Jahre. Da komme, was wolle, die blökenden Wollknäuel werden kleiner. Damit auch die Wollmengen, die jedes Schaf abwirft.
Doch dies hat auch Vorteile. So könnte es ja sein, dass die Wolle durch den Schrumpfungsprozess fester wird und die liebevoll von Mutti gestrickten Pullover nun nicht mehr so stark ausleiern. Andererseits könnten die Schafszüchter mehr Tiere auf dem gleichen Platz halten, was wiederum zu einer Futterknappheit und damit zu weiterem Schrumpfen führen könnte.
Spannend ist sicherlich auch die Frage, ob das Schrumpfen der Schafe nur der Anfang einer langen Entwicklung ist, die auch die Menschen in diesem Teil Schottlands wieder auf Normalmaß stutzt.
Zugegeben, es wäre ungemein praktisch, wenn alle etwas kleiner wären. Im Kino gäbe es keine Sitzriesen mehr, die auf dem Platz vor einem mit ihrem breiten Kreuz den halben Bildschirm verdecken. Und im Flugzeug hätten endlich alle wieder Beinfreiheit bei Langstreckenflügen.
Vorausgesetzt, die Fluggesellschaften würden dies nicht einfach

ausnutzen, und die Sitzreihen noch weiter zusammenschieben, um den Profit weiter zu maximieren.
Denn dies könnte zu einem Reizklima führen, das schließlich in einem Zwergaufstand gipfelt. Und dies nur, weil niemand wahrhaben wollte, welche Auswirkungen das Schafsschrumpfen auf den Hebriden auf uns alle haben könnte.

*****

Haferschleim in Perfektion

Im wahrsten Sinne des Wortes echt rührend – und auch eindeutig (hafer-) schleimig - sind die *World Porridge Making Championship*, die alljährlich im Oktober in der schottischen 700-Seelen-Gemeinde Carrbridge ausgetragen werden. Bei der Weltmeisterschaft wird jährlich der Meister im Erstellen eines Haferbreis ermittelt. Dem Sieger winkt neben (ewigem) Ruhm ein goldener Löffel als Preis. Jeder Teilnehmer – vom Hobbykoch bis zum professionellen Küchenchef - muss mindestens 500 Milliliter Porridge (Haferbrei) auf einer Propangasflamme herstellen, wobei die Teilnehmer ihre eigenen mitgebrachten Töpfe und Löffel benutzen können. Zugelassene Zutaten sind Wasser, Salz und unbehandeltes Hafermehl (keine Haferflocken). Bewertet werden die Konsistenz, der Geschmack und die Farbe des Breis, wobei die Jurymitglieder bei der Kostprobe Milch, Sahne, Salz oder Zucker hinzufügen dürfen.

Was von Tausenden von Schotten tagtäglich zum Frühstück verschlungen wird, entpuppt sich in Carrbridge als eine Wissenschaft für sich. Sorgfältig wählen die Teilnehmer im Vorfeld des Wettbewerbs das Hafermehl aus, weichen dieses über Nacht in Salz und Wasser ein. Dabei bleibt das Vorgehen nicht lange geheim. Denn gemäß Reglement werden die Rezepturen nach dem Wettbewerb im Internet veröffentlicht und können so für jedermann nachvollzogen werden. Dort ist jedoch nichts von den eigentlichen Feinheiten zu lesen: Um einen siegreichen Haferschleim zu produzieren, kommt es ganz entscheidend auch auf die Technik an. So schwören viele Teilnehmer darauf, beim Kochen nur mit der rechten Hand im Uhrzeigersinn zu rühren und ausschließlich einen Holzlöffel zu verwenden.

➲ www.goldenspurtle.com

Ein Stück Hollywood im Hochland

Vergleiche mit der amerikanischen Traumfabrik Hollywood sind wohl eher überzogen, dennoch hat Schottland in einer Vielzahl von Kinofilmen die Hauptrolle gespielt und dabei immer wieder mit besonderen Pfunden gewuchert: der Mischung aus reizvoller Natur und lebendiger Geschichte, aus pittoresken Städten und Dörfern, malerischen Küstenstreifen und üppig bewachsenen Bens und Glens.

Ganz oben in der Gunst der Filmemacher steht insbesondere Eilean Donan Castle, Schottlands meist fotografierte Burg an der zerklüfteten und bisweilen wild-romantischen Westküste. Das Schmuckstück am Loch Duich mit den bis zu 430 Zentimeter dicken Außenmauern, das von 1912 bis 1932 von John MacRae original getreu wieder aufgebaut wurde und seit 1958 der Öffentlichkeit zugänglich ist, diente 1986 als Kulisse für die Anfangsszenen des Kinoklassikers „*Highlander*" mit Christopher Lambert und Sean Connery. Und für das James-Bond-Abenteuer „*Die Welt ist nicht genug*" mit Pierce Brosnan in der Hauptrolle verwandelte sich Eilean Donan Castle im Jahre 1999 zeitweilig in das vermeintliche Hauptquartier des MI6, des britischen Geheimdienst.

Nur einen Steinwurf entfernt, befinden sich zwischen Mallaig und Arisaig die weißen Strände von Morar. Die berühmten „White Sands" beheimateten in dem Kultfilm „*Local Hero*" (1983) unter der Regie von Bill Forsyth die Hütte des Einsiedlers Ben. Und daneben landete der Ölmagnat, dargestellt von Burt Lancaster, mit seinem Hubschrauber inmitten der beeindruckenden Landschaft, die von den Gipfeln der Highlands und dem Schatten der Isle of Skye umrahmt wird.

Der Hauptschauplatz des Leinwandstreifens liegt jedoch rund 300 Kilometer entfernt an der schottischen Ostküste zwischen

Inverness und Fraserburgh: Das Dörfchen Pennan, das in *„Local Hero"* den Phantasienamen Ferness trägt. Hier ist auch die legendäre rote Telefonzelle zu finden, die in dem ewig jungen Filmklassiker eine zentrale Rolle einnimmt und die als einzige in ganz Großbritannien unter Denkmalschutz steht.

An der Ostküste finden sich noch weitere ebenso stimmungsvolle wie beeindruckende Drehorte: Bei Stonehaven, rund 20 Kilometer südlich von Aberdeen, erhebt sich Dunnottar Castle fast schon gespenstisch auf einem Felsen aus dem Meer. Das imposante Gemäuer wurde zusammen mit Blackness Castle in Falkirk als Setting für den 1990 unter der Regie von Franco Zeffirelli entstandenen US-Blockbuster *„Hamlet"* mit Mel Gibson und Glenn Close in den Hauptrollen genutzt.

Und für Alfred Hitchcocks berühmtes Meisterwerk *„39 Stufen"* musste die Maid of Forth, jene imposante Eisenbahnbrücke über dem Firth of Forth vor den Toren der Hauptstadt Edinburgh, als Kulisse herhalten.

Das Oscar-prämierte Heldenepos *„Braveheart"* (1995) mit Mel Gibson und Sophie Marceau wurde fast komplett am Fuße des Ben Nevis, mit 1343 Metern Schottlands höchster Berg, gefilmt. In dem angrenzenden Tal, dem Glen Nevis, wurde eigens für den Kinohit ein mittelalterliches Dorf errichtet. Und am Fuße des Wallace-Monuments in Stirling erinnert eine Holzbüste mit dem Konterfei von Hauptdarsteller und Regisseur Mel Gibson an die filmische Hommage für Schottlands großer Freiheitskämpfer, William Wallace, dem hoch oben auf dem Hügel ein weithin sichtbares Denkmal gesetzt wurde.

Im Glen Coe, einst Schauplatz fürchterlicher Kämpfe zwischen den schottischen Clans, surrten 1995 die Kameras für den Abenteuerstreifen um den gleichnamigen Freiheitskämpfer *„Rob Roy"* mit Liam Neeson und Jessica Lange in den Hauptrollen. Gleichwohl wurden Teile des Leinwandstreifens in Meggnich Castle

und Drummond Castle in Perthshire erstellt.
Glen Coe nimmt auch einen breiten Raum in dem Monty Python's Klassiker *„Die Ritter der Kokosnuss"* ein. Hier mussten die Ritter an der „Bridge of Death" folgenschwere Fragen beantworten. Außerdem wählten die Komiker Graham Chapman, John Cleese, Michael Palin, Eric Idle & Co das Castle Stalker vor den Toren von Oban (hier wird der heilige Gral gefunden) und Doune Castle bei Stirling als Schauplätze für die aberwitzige Suche nach dem heiligen Gral.
Natürlich wurde und wird auch die Kapitale Edinburgh immer wieder ins Bild gesetzt. Allen voran Edinburgh Castle, das schon 1959 die Kulisse für den Film *„Reise zum Mittelpunkt der Erde"* mit James Mason bildete.
Wenige Kilometer außerhalb der Hauptstadt liegt Rosslyn Chapel. Die Kapelle im gotischen Stil spielt eine Schlüsselrolle im *„Da Vinci Code"*, der Verfilmung von Dan Browns Bestseller „Sakrileg" mit Tom Hanks in der Hauptrolle. In dem Gotteshaus findet Protagonist Robert Langdon heraus, dass Sophie (Audrey Tautou) heraus, dass Letztere von Maria Magdalena abstammt, deren Überreste hier versteckt waren, und Sophie damit eine Nachkommin von Jesus Christus ist.
Auch Glasgow, Schottlands größte Stadt, ist unlängst von Filmemacher als Drehort entdeckt worden. Hier spielt *„Trainspotting"* (1996), eine Sozialstudie über das Leben drogenabhängiger Jugendlicher, und auch das Low-Budget-Drama *„Young Adam"* mit Ewan McGregor ist in der Millionstadt am Clyde angesiedelt.
Nicht zu vergessen ist ferner das zweite Harry Potter Abenteuer. *„The Chambers of Secrets"* entstand teilweise in Schottland. Sowohl in Fort William und am nahe gelegenen Glenfinnan Viaduct wurde die Kameras aufgebaut, während das Gros der Aufnahmen, wie schon beim ersten Potter-Film, in Gloucester Cathedral und

Alnwick Castle (England) von Direktor Chris Columbus und dem Starensemble um Daniel Radcliffe, Emma Watson, Richard Harris, John Cleese und Fiona Shaw umgesetzt wurde.

Im James-Bond-Abentuer *„Skyfall"* diente das malerische Glen Coe sowie das nahegelegene Glen Etive im Jahre 2012 als Kulisse für den Stamsitz der Bonds. In der Skyfall Lodge spielt auch der Showdown, bei dem Geheimdienstchefin M (Judie Dench) tötlich verletzt wird.

Derweil fungierte der Marinestützpunkt am östlichen Ufer des Gare Loch in Argyll als Kulisse in *Der Spion der mich liebte* (1977). Commander Bond (Roger Moore) entdeckt hier, dass der Verlust von britischen U-Booten kein Unfall, sondern eine finstere Verschwörung des Bösewichts Stromberg (Curd Jürgens) ist.

➔ http://static.visitscotland.com/pdf/highlands-movie-map.pdf

*****

Rebenklänge

Die einen meinen, Wein sei Salbe für den Geist. Andere glauben, er sei die Milch der Greise. Und wiederum andere sind sich sicher, dass Wein Poesie in Flaschen ist. Wie auch immer. Fest steht im Kopf ist er selten so still wie im Fass. Und doch kann ein Tropfen in Ehren niemand verwehren. Dabei lässt sich der Genuss des alkoholhaltigen Traubensafts mit der Wahl der richtigen Musik noch verfeinern. Eine Erkenntnis, die viele schon nach einer Reihe von Selbstversuchen gewinnen konnten, und die jetzt durch die Wissenschaft Bestätigung erhielt. Adrian North von der Heriot Watt Universität (➔ www.hw.ac.uk) im schottischen Edinburgh fand nämlich heraus, dass die Wahl der richtigen Musik den Weingenuss deutlich erhöht und den edlen Tropfen um bis zu 60 Prozent gehaltvoller erscheinen lässt.

Eine Studie mit 250 Probanten zeigte, dass Weißwein seinen Geschmack am besten entfaltet, wenn aus den Boxen Tina Turners Stimme erklingt. Zu einem Cabernet Sauvignon beispielsweise empfiehlt der Wissenschaftler *„All along the watchtower"* von Jimmy Hendrix oder *„Won´t get fooled again"* von der britischen Rockformation The Who.

Ein Chardonnay hingegen kann durch Blondies Hit *„Atomic"* oder Kylie Minogues *„Spinning around"* veredelt werden, während *„Sitting on the dock of the bay"* von Otis Redding einen Merlot in flüssiges Gold verwandelt und ein Syrah zu Puccinis *„Nessun Dorma"* einfach am besten schmeckt.

Offenbar hat die Musikwahl aber nicht nur Auswirkungen auf die geschmackliche Beurteilung eines Weines, sondern auch auf die Kaufentscheidung für eine Flasche Wein.

Um diese Theorie zu untermauern, hatte Adrian North im Rahmen einer weiteren weinseligen Studie in einem Supermarkt Regalreihen mit deutschen und französischen Weinen füllen lassen.

An einem Tag ließ er dann die Kunden ausschließlich mit deutschen Liedern beschallen, an einem anderen mit französischen. Und siehe da, beim Erklingen deutscher Musik wurde fünfmal mehr deutscher als französischer Wein gekauft; bei französischer Musik war es genau umgekehrt.

Offen blieb die Frage, was bei schottischen Dudelsackklängen passiert. Hier haben es North & Co versäumt, einen Nachweis zu erbringen. Vermutlich aber würden die Kunden eine Regalreihe weiterstürmen, um echten Single Malt Whisky zu kaufen. Denn britische Weine sind nun wirklich nicht jedermanns Sache.

*****

Weltmeisterliches Steinchenhüpfen

Wer hat nicht schon einmal, aus einer Laune heraus an einem Fluss- oder Seeufer einen Stein in die Hand genommen und versucht, diesen mit einem flachwinkeligen Wurf möglichst häufig über die Wasseroberfläche hüpfen zu lassen? Glück und Geschick, aber auch die Form des Steines und der Einfallswinkel entscheiden darüber, wie oft der Kiesel tatsächlich auftitscht. Das schier unerschöpfliche Potenzial an Wettkämpfern weltweit führte dazu, dass das Steinchenwerfen inzwischen Weltmeisterschaftsstaus genießt.

Auf Initiative von Albert Baker wurden 1983 auf Easdale, der kleinsten Insel der Inneren Hebriden, erstmals die *World Stone Skimming Championships* ausgetragen. Seither stellen jährlich mehr als 200 Starter aus allen Teilen der Welt immer im September ihr lockeres Händchen beim Steinwurf unter Beweis. Gleichzeitig hoffen sie, dass Wettergott Petrus ihnen milde gestimmt ist. Denn bei windigem Wetter und Wellengang gestaltet sich das ganze ungleich schwieriger als bei glatter Wasseroberfläche.

Jeder Teilnehmer hat drei Versuche mit den bereitgestellten Schiefersteinchen. Diese dürfen einen Durchmesser von maximal drei Inches, also etwa 7,5 Zentimeter, haben und aus Easdale Schiefer bestehen. Gewertet werden ausschließlich Steine, die sich innerhalb eines von Bojen und Seilen abgesperrten Korridors auf dem See eines alten Steinbruchs bewegen. Dabei kommt es nicht auf die Anzahl der Hüpfer, sondern auf die Weite des Wurfes an. Vorausgesetzt, der Stein ist mindestens dreimal aufgetitscht.

➔ www.stoneskimming.com

*****

Boath House – Restaurant mit Zimmern

Wendy und Don Matheson verfügen in ihrer Nobelherberge gerade einmal über acht individuell eingerichtete Zimmer und nennen sich selber „Restaurant with rooms". In der Tat wirkt das stattliche Herrenhaus aus dem 18. Jahrhundert nicht wie eines der besten Hotels des Landes. Umgeben von einer acht Hektar großer Wald- und Parklandschaft mit See mutet Boath House mit seinem Säulenportal eher wie die perfekte Kulisse für einen Film über den schottischen Landadel an. Kein Leuchtreklame, kein Hotel- oder Restaurantschild zieren die Sandsteinfassade. Vor dem Portal mit seinen ionischen Säulen findet sich kein Türsteher. Stattdessen öffnen die Besitzer Wendy und Don Matheson persönlich die Tür, um die Gäste in dem georgianischen Haus am Moray Firth bei Nairn willkommen zu heißen.

Auch im Eingangsbereich unterscheidet sich das charmante Fünf-Sterne-Haus wohltuend von anderen Tophotels. Statt einer überkandidelten Lobby wartet hier eine Mischung aus Landhauseinrichtung und Kunstgalerie auf die Besucher. Rund 150 Kunstwerke von mehr als 30 schottischen Künstlern sind hier ganzjährig ausgestellt und stehen zum Verkauf. Darunter Malereien, Keramiken, Schmuckstücke und Skulpturen.

„Wir haben Kunst an den Wänden und hatten lange Künstler in der Küche am Werk", lacht Wendy Matheson. Wohl wissend, dass das eigene Restaurant von 2009 bis 2017 zu dem besten gehörte, was Schottland dem geneigten Feinschmecker zu bieten hat. So wurde des von allen Gourmetmagazinen unter den Top Ten Restaurants des Landes gelistet. Vier AA Red Rosettes und ein Michelin-Stern zeuigten von der hohen Kochkunst. Aus wirtschaftlichen Gründen wurde dann 2017 der Stern freiwiligg zurückgegeben. Gleichwohl zaubert das aktuell dreiköpfige Küchenteam abendlich neu zusammengestellte Speisen auf die Tische des kleinen Restaurants

mit dem verglasten Erker und dem romantischen Seeblick, das gerade einmal 26 verwöhnten Gaumen Platz bietet.
Die fangfrischen Fische kommen direkt von der nahen schottischen Küste, das Fleisch stammt von organischen Farmen im Umland. Ansonsten vwerden fast ausschließlich Kräuter und Gemüse aus dem Garten von Boath House, der als Gemüse-, Kräuter- und Obstgarten so etwas wie der hauseigene Frischelieferant ist, verwendet.
Dabei erweist sich der Garten als eine absolute Rarität. Im viktorianischen Zeitalter angelegt, war er über Jahrzehnte dem Verfall preisgegeben. Und als die Mathesons 1991 das Anwesen erwarben, stand die Wiederherstellung des Gemüsegartens nicht gerade oben auf der Prioritätenliste. Denn das Paar hatte zunächst alle Hände voll zu tun, das baufällige Herrenhaus Kern zu sanieren, zu renovieren und umzubauen. Nebenbei betrieben die Mathesons in einer umgebauten Kirche in Aberdeen ein Fitnessstudio. Wobei das Gros der Einnahmen direkt in den Umbau von Boath House floss.
„Im Prinzip waren nur noch die Wände vorhanden", erklärt Wendy Mathesons im Rückblick auf die sechsjährige Umbauphase. Als dann 1997 das Minihotel mit dem dazugehörigen Restaurant eröffnete, war die umliegende Parklandschaft notdürftig in Schuss gebracht worden. Nur der Walled Garden blieb zunächst Brachland.
„Wir konnten uns damals und können uns auch heute keine fünf Gärtner leisten und finden auch niemand, den wir mit ein paar Kohlköpfen oder Tomaten entlohnen können", ergänzt die 49jährige, dass sie vor der mühevollen Wiederherstellung des Viktorianischen Gartens zunächst viele Gespräche mit Vertretern der Historical Garden Society führte, um sich ein Bild davon zu machen, wie der Garten früher ausgesehen haben könnte. Danach versuchte die ausgebildete Landschafsgärtnerin und diplomierte

Garten-Designerin gemeinsam mit ihrem Ehemann Don und einem angestellten Gärtner den Pflanzbereich innerhalb der fast 200 Jahre alten Mauern soweit wie möglichen an historischen Vorgaben orientiert wieder herzustellen. Zugleich erhielt der Garten eine zeitgenössischere Note, um ihn etwas pflegeleichter zu gestalten.

„Für mich ist der Garten eine Verlängerung des Wohnzimmers. Ich wünschte mir, alle würden ihre Gärten mit der gleichen Hingabe ausstatten und pflegen wie ihre Wohnstuben", freut sich Wendy Matheson, dass sich der Viktorianische Garten heute ebenso wie das Hotel und das Restaurant größter Beliebtheit erfreut. Wohl auch, weil im Garten wie in Boath House selber die Liebe zum Detail allgegenwärtig ist. Scheint doch das gemeinsame Motto: „Klein, aber oho" zu sein.

➔ www.boath-house.com

*****

Whisky-Genuss im gestrandeten UFO

Das mächtige, mit Gras bewachsene Dach ist optisch an die Form der umliegenden Bergkuppen von Speyside angelegt. Das Innere erinnert von den Ausmaßen eher an die Abflughalle eines Flughafens als an eine Fabrik. In der Tat stehen hier für nicht wenige himmlische Genüsse im Fokus. Denn im neuen, im Sommer 2018 eröffneten, ultramodernen Besucherzentrum der Macallan Distillery dreht sich alles um die Herstellung hochwertiger Single Malt Whiskys.

Und hier wird verglichen zu anderen Destillerien ein Quantensprung unternommen. Die gesamte Anlage ist großzügig geschnitten und Whiskyliebhaber können im Rahmen von Führungen einen Einblick in alle Bereiche der Herstellung erhalten.

Lediglich das Heiligtum in Form der oberhalb des Besucherzentrums gelegenen Lagerräume bleibt bei der Tour außen vor. Dafür darf hier - im Gegensatz zu anderen Destillerien - überall fotografiert werden.

Dreieinhalb Jahre Bauzeit und stolze 140 Millionen Pfund, umgerechnet also knapp 160 Millionen Euro, verschlang die Fertigstellung des Vorzeigeobjekts. Im Dezember 2017 floss der erste Whisky durch die Brennblasen und im Juni 2018 öffnete das futuristische Besucherzentrum erstmals seine Pforten. Seither stimmen die Whisky-Liebhaber eindrucksvoll mit den Füßen ab; marschieren täglich zu Hunderten durch die sogenannte Macallan Visitor Experience.

Nicht von ungefähr kam dem stolzen Macallan-Boss Scott McCroskie bei der Eröffnung der Satz „like nothing else in the world", also „vergleichbar mit nichts auf der Welt", über die Lippen. Wobei er sich natürlich auf den Kosmos der Whisky-Hersteller bezog.

Die gigantischen Brennblasen wurden von einem lokalen

Kupferschmied gefertigt und sind darauf ausgelegt, bis zu 15,2 Millionen Liter Whisky pro Jahr produzieren zu können. Dank der hochmodernen Technologie bedarf es lediglich noch zwei Mitarbeitern, um den Herstellungsprozess zu überwachen. Insgesamt sind am Fabrikationsstandort und im Besucherzentrum 60 Stellen entstanden.

Unter dem 14.000 Quadratmeter großen Dach des 120 Meter langen, 68 Meter breiten und bis zu 18 Meter hohen Vorzeigebaus, der nach Plänen von Graham Stirk errichtet wurde, erfolgt die Whisky-Herstellung nach dem bekannten Muster.

Auch wenn es nahe liegen würde, das verwendete Wasser stammt nicht aus dem River Spey, der der Region den Namen gab, sondern aus einer eigenen Quelle. Gleichwohl nutzt Macallan das Flusswasser zur Kühlung. Und auch die Fischereirechte auf einer Länge von 1,5 Meilen liegen bei der Destillerie.

Bei der Herstellung vermischt und erhitzt Macallan, das seit 1824 eine Lizenz besitzt, Quellwasser und gemahlenes Malzschrot. Dabei lösen sich die Zuckerbestandteile aus dem Malzschrot heraus. Die so entstandene Maischwürze wird zusammen mit Hefe in einem Behälter gefüllt, wo der Zucker zu Alkohol vergoren wird. Wenn die Gärung abgeschlossen enthält die flüssige Maische, der sogenannte Wash, etwa sieben bis acht Prozent Alkohol. Anschließend beginnt die eigentliche Destillation. Dabei wird das alkoholhaltige Gemisch in dem mächtigen Kupferkessel so lange erhitzt, bis der Alkohol verdampft. Der Dampf wird dann in eine Kühlanlage weitergeleitet, wo er kondensiert.

Nach einer zweiten Destillation steigt schließlich der Alkoholgehalt auf etwa 63 Prozent. Nun wird die Flüssigkeit in Holzfässer gefüllt und für mindestens acht Jahre eingelagert, bevor der Whisky für den Verkauf in Flaschen abgefüllt wird. Seine charakteristische Farbe und sein Aroma bekommt der Whisky nicht zuletzt während der Lagerung in alten Sherry-Fässern. Deren Produktion und

Verwendung wird am Ende des Rundgangs in einer kleinen Ausstellung anschaulich dargestellt. Natürlich darf aber auch das obligatorische Tasting mit vier Macallan Sorten nicht fehlen.
Derweil ist die in Sichtweite befindliche alte Macallan Distillery zu einer Geisterfabrik avanciert. Alles ist noch immer im Originalzustand, wird aber de facto nicht mehr genutzt.
Bei aller moderner Technologie bedurfte es jedoch auch viel Geduld und zahlreicher Feinjustierungen, ehe Macallan am neuen, nur 400 Meter entfernten Standort dieselbe Qualität sicherstellen konnte. Denn auch wenn die Zutaten identisch sind, dasselbe Wasser, dieselbe Gerste Verwendung finden, musste zunächst ein Feingefühl für die neuen Brennblasen entwickelt werden, um zu garantieren, dass das neue Macallan sich qualitativ und geschmacklich nicht vom alten, überaus erfolgreichen unterscheidet.
Ohnehin kann sich Macallan rühmen einen der exklusivsten Single Malt Whiskys der Welt zu erstellen. Im Jahre 2012 wurde ein 50 Jahre alter Macallan als das Lieblingsgetränk von James Bond in dem Kinohit „Skyfall" geadelt. Und im Herbst 2018 wechselte eine Flasche „Macallan Valerio Adami 1926" für sagenhafte 848.750 Pfund (rund 947.000 Euro) den Besitzer. Ein Ritterschlag für eine Destillerie, die dank des neuen Besucherzentrums schon längst für neue Höhenflüge gerüstet scheint.

➲ www.themacallan.com/en/distillery

* * * * *

Findhorn - das etwas andere Schottland

Das Büffet ist angerichtet - alles vegetarisch, alles aus eigenem, ökologischem Anbau. Rund 40 hungrige Mäuler gruppieren sich im Kreis um die üppig gefüllte Tafel. Doch bevor die Speisen auf die Teller geladen werden können, greift ein jeder nach der Hand des Nebenmanns, um gemeinsam das Essen zu segnen. Eine Prozedere, das in der Findhorn Community, einem der ältesten Ökodörfer der Welt im Nordosten Schottlands, fester Bestandteil einer jeden Mahlzeit ist.

„Ich finde es schön und wichtig, kurz inne zu halten, statt den ganzen Tag wie ein kopfloses Huhn durch die Gegend zu laufen", beteuert Richard Bruncken. Der Kölner ist seit mittlerweile 14 Monaten Teil der spirituell orientierten Gemeinschaft, die sich selbst auf die Fahne geschrieben hat, „einen der niedrigsten ökologischen Fußabdrücke in der industriellen Welt" zu hinterlassen.

„Nicht alles hier ist heile Welt. Aber der Aufenthalt hilft zu erkennen, was einem wirklich wichtig ist", räumt 31-jährige offen ein. Er selber haderte lange mit seinem Lebenswandel, verdiente seine Brötchen mal als Surflehrer in Portugal, dann wieder als Meeresbodenvermesser in einem Off-Shore-Windpark in der Nordsee, ehe er 2017 den Weg in das kleine Aussteigerdorf am Moray Firth fand.

„Viele kommen, um sich selbst zu finden oder um Probleme hinter sich zu lassen", ist Bruncken dankbar, dass ihn die Gemeinschaft mit offenen Armen aufgenommen hat. Zuerst absolvierte er ganz zwanglos eine Kennenlernwoche. Daraus wurde schließlich ein Kennenlernmonat. Mittlerweile lebt und arbeitet der gertenschlanke, hoch aufgeschossene Kerl mit dem schulterlangen Haar und dem rötlichen Bart seit weit mehr als einem Jahr in Findhorn.

Gemeinsam mit anderen Freiwilligen bringt sich Bruncken nahezu täglich in die Gartenarbeit ein. Ganz ohne den Einsatz von künstlichen Düngemitteln oder Pestiziden baut er das Obst und Gemüse an, das zu den Mahlzeiten im Community Center serviert wird.

„Die Hürden, um hier in Findhorn zu leben und zu arbeiten, sind nicht sonderlich hoch", so der passionierte Wellenreiter weiter. Alle müssten sich im Rahmen ihrer Fähigkeiten aktiv in die Gemeinschaft einbringen - sei es im Garten, in der Küche, beim Schließdienst am Abend oder beim Reinigen der rund 120 Gästezimmer. Denn in Findhorn werden ganzjährige spirituelle Workshops angeboten.

„Höchste Priorität genießt hier bei uns der friedvolle Umgangs mit den Menschen und der Natur", erläutert Bruncken das Eigenverständnis Ökodorfes. Dazu gehöre auch, so der 31-jährige, bei Konflikten andere nicht zu beschimpfen, sondern zu versuchen, herauszufinden, wo der eigene Anteil an dem Problem liegen könnte.

„Wer bereit ist, die simplen Regeln zu befolgen, kann in Findhorn großartig leben", verweist Bruncken auf die Tatsache, dass es den gut 400 Bewohnern des Dorfes eigentlich an nichts mangelt. Sie wohnen in Holz- und Energiesparhäusern, bei denen Solarzellen auf dem Dach zum Standard gehören. Neben dem Community Center, das als Treffpunkt und zentraler Speisesaal dient, finden sich in Findhorn mit dem Moray Art Centre eine Kunstgalerie, eine Töpferei, ein kleines Freilufttheater, eine Kaffeerösterei sowie ein kleiner Laden, in dem von Lebensmitteln bis hin zu Gegenständen des täglichen Bedarfs alles angeboten wird.

Zudem verfügt das Ökodorf mit der Universal Hall über einen kreisrunden, multifunktionalen Bau, in dem ein regelmäßiges Kulturprogramm mit Konzerten, Theaterstücken und Filmabenden geboten wird. Eine zentrale Anlaufstelle ist darüber hinaus eine kleine Boutique, die allen Bewohnern offen. Hier werden nicht mehr gewollte oder benötigte Dinge abgelegt. Wer etwas haben möchte, kann es sich einfach nehmen.

„Findhorn ist keine sektenähnliches Gebilde, sondern eine spirituelle Gemeinschaft", unterstreicht Bruncken, dass hier Anhänger verschiedenen Religionen friedlich zusammen leben und ein jeder seinen Glauben ungestört praktizieren könne.

Die Anfänge des Ökodorfes reichen zurück bis in die 1960er Jahre. Damals verloren die Eheleute Eileen und Peter Caddy sowie deren Freundin Dorothy McLean ihre Jobs in einem nahe gelegenen Hotel. Aus der Not eine Tugend machend, stellten sie ihren kleinen Wohnwagen unweit der Findhorn-Bucht auf und begannen ein kleines Stück Land ökologisch zu bewirtschaften.

Mehr und mehr Aussteiger aus Schottland und vielen Teilen der Welt folgten ihrem Beispiel. Und eines war und ist bis zum heutigen Tagen allen gemein: sie alle suchen einen Lebensform, bei der Ökologie, Nachhaltigkeit, Spiritualität und Gemeinsinn oberste Priorität genießen. Ebenso wie der Kölner Richard Bruckner.

„Materielle Dinge sind für die meisten hier nicht wichtig", berichtet der 31-jährige, dass sich die Bewohner von Findhorn allesamt aktiv in die Gemeinschaft einbringen. Pekuniäre Aspekte spielen nur eine sehr untergeordnete Rolle. Und so verwundert es wenig, dass die Mitarbeiter der Findhorn Foundation einen Teil ihres nicht gerade üppigen Salärs in der Alternativwährung Eco erhalten. Das dorfeigene Zahlungsmittel ist vom Wert her an das schottische Pfund angelehnt und wird teilweise auch im Umland des Ökodorfes akzeptiert.

„Die Idee dahinter ist, dass von dem erwirtschafteten Geld vieles im Dorf bleibt und so wieder in die Gemeinschaft zurückfließt", so Richard Bruncken, der für sich noch nicht entschieden hat, ob er irgendwann Findhorn verlassen oder für immer hier bleiben möchte. Denkbar wäre auch, ins Umland zu ziehen, wo mittlerweile mehr als 1.400 Menschen leben, die sich der Lebensweise des Ökodorfes verpflichtet fühlen ohne selber Teil von Findhorn zu sein.

➲ www.findhorn.org

*****

Ebenfalls im Westflügel Verlag erschienen

Karsten-Thilo Raab
Quietschschwarz
Kolumnen
120 Seiten
ISBN 978-3-939408-30-7
9,99 €

Stefan Schöner
T.A. Transatlantik
Ein Kreuzfahrtkrimi
120 Seiten
ISBN 978-3-939408-14-7
19,90 €

Stefan Schöner
Urlaub auf hoher See
Kolumnen
140 Seiten
ISBN 978-3-939408-12-3
13,90 €

Mike Bartel
Torkelnd um den Bodensee
Kolumnen
112 Seiten
ISBN 978-3-939408-20-8
11,95€

Erhältlich sind die Titel im Buchhandel oder versandkostenfrei direkt beim Westflügel Verlag unter www.westfluegel-verlag.de